Transformaciones

MÉXICO

T0337304

Transformaciones

MÉXICO

¡Los Cristianos Unidos Haremos la Diferencia!

Alejandro y Rosi Orozco

Grupo Nelson
Una división de Thomas Nelson Publishers
Desde 1798

NASHVILLE   DALLAS   MÉXICO DF.   RÍO DE JANEIRO

Editora General: *Graciela Lelli*
Adaptación del diseño al español: *Grupo Nivel Uno, Inc.*

ISBN: 978-1-60255-792-5

Impreso en Estados Unidos de América

12 13 14 15 16 HCI 9 8 7 6 5 4 3 2 1

«Cuando los justos aumentan, el pueblo se alegra; pero cuando el impío gobierna, el pueblo gime».

—PROVERBIOS 29.2

Contenido

Agradecimientos

Es muy gratificante compartir con nuestros equipos de trabajo tantas hermosas experiencias y muy especialmente la fe en que los principios y valores son el detonador del cambio que nuestra nación necesita. Gracias de todo corazón a nuestros amigos en las empresas, en la fundación, en el trabajo legislativo, en la gestión gubernamental, en lo político y muy especialmente en la asociación civil, ustedes son el detonador y catalizador de todo lo que hacemos, su voluntad, su compromiso y su entrega es inigualable. Gracias por sus desvelos, por sus esfuerzos, por sus anhelos; gracias por compartir el gran sueño de ver a nuestro hermoso México transformado.

Elogios a la obra y a los autores

Alejandro y Rosi son una pareja que no se arredra ante nada. Una pareja de la cual uno dice: ¿De dónde sacan el tiempo para hacer todo lo que hacen? Un par que se aman entre ellos y que aman a su familia. Que no dejan de actuar. Que desde hace muchos años decidieron aceptar a Jesucristo como su Señor y Maestro, y años después dejaron todo por seguir el proyecto que Él les marcó.

Hoy son un ejemplo para todo el pueblo cristiano en el campo nacional, por su entrega, su pasión, su dedicación, su valor, su liderazgo; por el respeto que siempre han mostrado a todos los grupos cristianos, por su amor a nuestro Dios, a través del afecto y el cariño que tienen por sus hermanos en Cristo, pero sobre todo por las almas que aún no conocen el evangelio de Jesucristo.

Hace unos cuantos años ellos decidieron tomar un camino que muchos de nosotros considerábamos inexpugnable para los cristianos; un camino que por el solo hecho de andar en él, te catalogaban como un mal cristiano, un camino en el que se decía, era poco menos que imposible dar un buen testimonio de Jesucristo. Un camino por el que muy pocos habían optado entrar y —dentro de esos muy pocos— todavía menos los que lo habían transitado con el único propósito de servir a su prójimo y no para aprovecharse de lo que les pudiera generar personalmente.

En este libro, Alejandro y Rosita, nos invitan, utilizando no sus propias palabras, sino solamente la palabra que Dios ha puesto en su corazón para transmitirnos y hacernos ver cuán equivocados hemos estado y cuánto tiempo hemos perdido para lograr la transformación que México necesita. Teniendo en nuestras manos la solución que Dios nos ha provisto, la hemos guardado para nosotros, y no hemos ayudado a nuestro país a cambiar, a pesar de ver cuán profundo hemos caído y ver el fango en el que estamos, por la falta de unión entre nuestros hermanos cristianos, así como por la falta de amor a aquellos que aún no conocen a Jesucristo.

Hoy se nos presenta aquí un tratado que tiene el poder para armar una revolución, sí, una revolución que puede transformar a México si seguimos el ejemplo de Jesucristo trazado en la vida de Alejandro y Rosita.

Les invito para que juntos participemos activamente en donde Dios nos ha colocado, sea en la vida empresarial, en la profesional, en la laboral, o si es en la búsqueda del bien común. Que en donde estemos, caminemos de la mano con Jesucristo, entendiendo claramente cuál es el propósito que tiene para nuestra vida. Entreguémonos a ello, con el sano y único propósito de servir a nuestros conciudadanos para que ellos tengan una vida más sana, una vida más feliz, una vida más digna, de modo que con nuestro ejemplo logremos impactar a muchos y entre todos logremos la transformación de México para Cristo.

CARLOS RODRÍGUEZ LÓPEZ

Durante mucho tiempo se ha cuestionado la participación de cristianos en el servicio público, argumentando que «A Dios lo que es de Dios y al César lo que es del César». Debo admitir que yo también pensaba de esa manera, pero la forma tan clara, amena y, hasta por momentos, humorística como Alex la presenta en este libro ha cambiado mi opinión.

Alex comenta que no se trata de llevar la fe a las instituciones, como tradicionalmente se ha pensado, sino que los valores que siembra en nosotros el cristianismo, debemos promoverlos desde adentro de esas instituciones, y la única manera de hacerlo es colocándonos ahí.

Si la gente ve en nosotros personas felices y exitosas, primero en nuestros hogares, empresas y en puestos públicos de primer nivel, mostrando esos valores, seguramente se sentirán motivados a imitarnos, y es ahí donde la fe cristiana produce su mayor efecto.

Pablo el apóstol escribió: «¿Cómo creerán sin haber quien les predique?», sin embargo, el mensaje que ahora hace falta es con hechos pero no desde los púlpitos, porque se entiende que las personas en las iglesias y grupos cristianos han sido trasformadas por el poder de Cristo. Hace falta un mensaje desde el mismo campo de la batalla y con funcionarios del mismo nivel.

Me uno a la oración de Rosi y Alex para que la lectura de este libro despierte ese interés en el pueblo cristiano de transformar a México sirviendo a Dios desde la trinchera de la búsqueda del bien común.

ANDRÉS CASTELAZO NOGUERA

Es un libro divertido que te hace reír hasta el cansancio, nosotros nos reímos mucho también es una obra que te hace llorar porque sabemos que el autor y su familia han pagado el costo de su llamado.

Pero entre risas y alegría nos surge una pregunta: ¿Habrá justicia y misericordia en México?... Lámpara es a mis pies y luz grande en mi camino la Palabra del Creador.

Afirmamos que Alejandro y Rosi son antorchas encendidas en medio de la nación. Anhelamos que otros como ellos sean levantados dentro de las estructuras de gobierno, en todas sus ramificaciones para la transformación de la nación y el bienestar de todos.

Este libro es una voz profética y un manual con brújula que provee guía a los que son llamados a gobernar. Forma el carácter de aquellos que desean servir a la nación teniendo como fundamento principal el temor al Creador y exponiendo como modelo un matrimonio no solamente exitoso y feliz, Rosi y Alex (a quienes conocemos en lo íntimo de su seno familiar), sino un honorable ejemplo de quienes se puede aprender para hacer el servicio de manera diferente.

DRS. CARLOS E INGRID QUIROA

Es asombroso la manera en que el Señor nos ha conectado con gente tan preciosa como Rosi y Alejandro Orozco. En septiembre de 1981 tuve una visión que hace un paralelo con este libro, acerca de cómo el Espíritu Santo de Dios estaba trayendo valores al gobierno mexicano, preparando el futuro de esta nación, para convertirse en un líder internacional en valores, carácter y principios. Viendo el gobierno ahora, ustedes pensarían que es imposible hacer este fantástico cambio.

Sin embargo, no sólo vi que el gobierno cambiaría en cuanto a la honestidad y consideración con su gente primero, también noté que México sería una de las naciones más ricas del mundo. Le damos gracias a Dios por colocar a Alex y Rosi en el gobierno, plantando una semilla que abre camino a los cristianos hacia el fundamento de esta nación.

A todos los que lean este libro, manténganse firmes por fe y justicia, para que traiga vida eterna a esta nación. Gracias Señor por escoger a los Orozco, por causa de su valentía, por plantar esa semilla de salvación que cambiará a muchas naciones.

DRES. DENZIL Y REBECA HOOD

He aquí un memorándum para la Iglesia de Cristo de nuestros días, este nos recuerda que nuestra fe y nuestra adoración a Dios tienen una dimensión práctica en cuanto a la responsabilidad con el mundo, nos confronta con una histórica omisión en cuanto a nuestra participación social y en el servicio público en nuestra nación, y nos desafía a salir de nuestro «autoencierro» para cumplir con nuestra comisión profética y transformar al mundo, tal como nos fue demandado por el Señor.

Además de los sólidos argumentos escriturales, nos anima con ejemplos y experiencias cercanas y personales de quienes se han atrevido a ser vanguardia en esta tarea.

Conviene leerlo, es útil apropiárnoslo y es indispensable vivirlo hasta tomar decisiones trascendentes que nos lleven a una nueva visión de nuestra misión que nos haga regresar a la dinámica de vida de los cristianos del primer siglo que influyeron poderosamente en su sociedad.

Tengo el privilegio de conocer a Rosi, Alex y sus hijos y me queda claro que cada capítulo y cada frase de este —insisto— memorándum, está avalado por el testimonio de una vida de principios y valores que está siendo luz en nuestro tiempo. ¡Unámonos!

GILBERTO GUTIÉRREZ LUCERO

Conozco a Alejandro y Rosi Orozco como personas que reconocen, delante de la presencia del Señor, su llamado en el reino; siendo esos agentes de cambio que el Padre está levantando en estos tiempos tan difíciles, pero llenos de desafíos. Agentes que desean, en cuanto dependa de ellos, ser esa luz que se levanta como antorcha en medio de esta generación, con un fuerte deseo de ver involucrados a más mexicanos con el mismo llamado, el mismo sentir y poder verlo realizado no sólo en esta generación, sino en las venideras.

Considero muy valioso *Transformaciones México*, es un libro que desde su título expresa el deseo del Señor para nuestro país.

Alejandro Orozco, autor del mismo, comparte ampliamente el deseo del Padre para que haya personas con temor de Dios, involucradas en el servicio público —en el gobierno— con la finalidad de ocupar una posición de influencia de parte de Dios, la cual es urgente para transformar nuestro país, liberándolo de toda opresión de la cual es víctima.

Mi oración es que el Señor bendiga grandemente a cada lector que tenga en sus manos este libro y que se una al clamor de cada corazón, que como uno solo, deseamos que nuestro México sea transformado por la mano de Dios.

APÓSTOL LILI DE GALINDO

No hay mayor desafío para los creyentes que el avivamiento espiritual de una nación. Me uno al anhelo expresado en esta obra y oro para que Dios nos impulse a lograrlo. Espero que todos los que hemos vuelto a nacer y aceptado a Cristo como nuestro Señor y Salvador, aceptemos este reto y podamos ver a México vivir una transformación.

JUAN MANUEL DE LEÓN S.

Ante la inminente realidad del deterioro social que enfrenta México, Rosi y Alejandro Orozco rescatan en este libro, principios fundamentales para la transformación de nuestro país. No sólo es la aportación de conceptos importantes, sino que son poderosos argumentos que cobran singular relevancia, ya que emanan directamente de una experiencia personal, como resultado de un profundo compromiso que tienen con el rescate de principios y valores en nuestra nación.

Su lucha diaria es plasmada en este texto, mediante el cual nos confrontan con la necesidad de ser luz en medio de tantas tinieblas que han oscurecido el clima moral de las familias mexicanas; nos invitan a asumir responsabilidad por las acciones que como individuos tenemos a diario, nos comunican con pasión la urgente necesidad de tomar los espacios públicos para legislar y tomar posiciones de autoridad para que desde ahí se puedan gestar los cambios que a nivel de leyes, de impartición de justicia y de la ejecución de programas de gobierno puedan plantear un destino distinto para México. Nos hacen un llamado a la solidaridad, a la unidad y a la congruencia de acciones y pensamientos, en el entendido de que «unidos haremos la diferencia».

LUIS MARROQUÍN

Introducción

Vive tus valores con valor

Y vino a mí la palabra del SEÑOR, diciendo: Tú, hijo de hombre,
¿Vas a juzgar? ¿Vas a juzgar a la ciudad sanguinaria? Hazle saber
todas sus abominaciones.

—EZEQUIEL 22.1–2

Muchos afirmamos: ¿Quiénes somos nosotros para juzgar? El mismo
Señor nos enseñó que no juzguemos para no ser juzgados, refiriéndose
desde luego a las relaciones interpersonales; sin embargo, sólo los que por su
misericordia al estudiar la Palabra de Dios conocemos el bien, podemos levantar
la voz en contra de la maldad, sin dejar de cumplir la tarea primordial que nos
ha sido encomendada en Marcos 16.15 de predicar el evangelio a toda criatura.

Cabe aquí lo que algunos han dicho en cuanto a rechazar el pecado y
amar al pecador. En forma paralela, resaltan dos escrituras maravillosas que
dan claridad a la preciosa experiencia que Rosi y yo hemos vivido estos últimos
cinco años, palabras que conocimos hace mucho tiempo, pero que ahora están
siendo reveladas y están desarrollando nuestra perspectiva cristiana cada día.

Cuando en Mateo 28.19, la palabra nos ordena ir a hacer discípulos a todas las naciones y en Efesios 4 aprendemos sobre los dones del ministerio, creemos que es el *kairos*, tiempo de Dios para nuestra nación, en el que los apóstoles enseñen la necesidad de ampliar la oportunidad de predicar más allá de templos y auditorios, de desarrollar proyectos sociales que lleven bendición a los pobres y vulnerables saliendo de las cuatro paredes para mostrar el amor de Dios, más que con palabras, con hechos contundentes que bendigan, con la certeza de que eso traerá muchas más personas que querrán oír, precisamente por esos hechos.

Es momento de que los profetas declaren tiempos de conquista, tiempos de victoria, tiempos de prosperidad con la claridad que encontramos en la Palabra, exponiendo que el requisito de Dios para darnos su respaldo es la santidad. Que la palabra profética sobre México indique que es tiempo de arrepentimiento, tiempo de atar al hombre fuerte, tiempo de levantarse con esa voz profética en el poder del Espíritu Santo, en pie de lucha contra la idolatría, la corrupción, la violencia, la desigualdad de oportunidades, contra toda injusticia y todo delito.

Nos queda claro, además, que la renuncia a todo ese pecado tiene que iniciar y mantenerse hasta el día del Señor con los que conocemos el bien a través de su Palabra. Cabe aquí una de esas famosas frases de algún creyente que en un momento de inspiración dijo: «El mal avanza porque los que sabemos hacer el bien, no hacemos nada»; por tanto, que los evangelistas continúen su hermosa búsqueda del Señor en oración y ayuno, creemos que es el tiempo para México cuando los cinco ministerios y, en especial, los evangelistas serán respaldados con más poder que nunca antes con estas señales:

En mi nombre echarán fuera demonios, hablarán nuevas lenguas; tomarán serpientes en las manos, y aunque beban algo mortífero, no les hará daño; sobre los enfermos pondrán las manos, y se pondrán bien (Marcos 16.17–18).

Un *kairos* en el que obispos, pastores y directores de las asociaciones civiles, verán de tal manera la mano de Dios añadiendo al cuerpo de Cristo a los que han de ser salvos, que no cabrán en los lugares que hoy tenemos, pues serán millones. Viene ya la mayor cosecha que hayamos tenido en el país, lo que requerirá que aumentemos el número de discípulos en miles y que pidamos al Señor creatividad en cuanto a las estrategias para retener el fruto, así como más y mejores servicios, en pro de la conformación de grupos homogéneos; capacitación en la Palabra antes que nada, y también en sistemas de información, administración y finanzas, liderazgo y consejería entre muchos otros temas.

Es tiempo de Dios para México, para que los maestros de la Palabra, avancen tanto en su relación con Dios que reciban mayor sabiduría cada día y podamos enseñar con ejemplo cotidiano —avanzando a la perfección—, como menciona Hebreos 6.1–3:

> Por tanto, dejando las enseñanzas elementales acerca de Cristo, avancemos hacia la madurez, no echando otra vez el fundamento del arrepentimiento de obras muertas y de la fe hacia Dios, de la enseñanza sobre lavamientos, de la imposición de manos, de la resurrección de los muertos y del juicio eterno.
>
> Y esto haremos, si Dios lo permite.

De ninguna manera pretendemos con estas líneas hacer juicio contra nuestros compañeros de milicia de todos los ministerios en la nación. Creemos que todos hemos trabajado con ahínco, con vehemencia, con profundo amor y conciencia para el Señor que nos ha llamado a servirle, aquel que nos escogió en Él antes de la fundación del mundo. Lo que sucede ahora es que nuestras ciudades han cambiado tanto que se asemejan mucho a esta palabra en Ezequiel 22 que dice:

> Así dice el Señor Dios: «Ciudad que derrama sangre en medio de sí misma para que llegue su hora, y que se hace ídolos para contaminarse, por la sangre que has derramado te has hecho culpable, y con los ídolos que has hecho te has contaminado. Has hecho acercar tu día y

has llegado al término de tus años. Por tanto te he hecho oprobio de las naciones y objeto de burla de todas las tierras» (vv. 3–4).

Vemos con claridad y con profunda tristeza que nuestro querido México se encuentra como Jerusalén. El derramamiento de sangre es inusitado, hoy pareciera que el Distrito Federal es más seguro que varias ciudades del país, hecho que no habíamos visto jamás. Hoy la idolatría va mucho más lejos que imágenes o tallas de piedra o madera, el amor al dinero, al poder, a la fama ahora están exacerbados, provocando tal deterioro moral y espiritual, que si no hacemos algo todos, y pronto, estaremos cerca de la situación que menciona Ezequiel, en el capítulo 22, a partir del versículo cinco:

Las que están cerca de ti y las que están lejos se burlarán de ti, ciudad de mala fama, llena de confusión. He aquí, los príncipes de Israel, cada uno según su poder, han estado en ti para derramar sangre (vv. 5–6).

Los príncipes son todos aquellos que ocupan posiciones de autoridad, entre los que en muchísimos casos encontramos altos niveles de corrupción, lo que desde luego tiene que ser confrontado y, en primera instancia, debe ser combatido al no participar en ello desde afuera. En especial los cristianos somos enseñados a tomar autoridad, a declarar y a vencer en el nombre del Señor Jesucristo y en el poder del Espíritu Santo en terrenos espirituales.

Ha llegado el tiempo de combatir contra todo tipo de corrupción en el ámbito del gobierno en sus tres niveles, pero ahora desde adentro. Nótese que en estos versículos de Ezequiel se culpa a todo el pueblo, y en particular a sus príncipes y, parafraseando, se refiere necesariamente al gobierno, sí, pero también a los príncipes del pueblo de Dios, que son todos aquellos siervos a los que el Señor les ha conferido cualquier nivel de autoridad. De forma tradicional, los cristianos nos hemos dejado gobernar, en la mayoría de los casos por personas que no sólo no conocen del Señor, sino que además lo niegan o rechazan... ¿Hasta cuándo pueblo de Dios?

En ti despreciaron al padre y a la madre, en medio de ti trataron con violencia al extranjero y en ti oprimieron al huérfano y a la viuda (Ezequiel 22.7).

Leímos en algún texto que toda violencia inició en la familia y coincidimos con ello. Es muy probable que quienes hoy delinquen y cometen actos violentos lo hayan aprendido en su familia. El rechazo, el abandono y la violencia intrafamiliar son causas frecuentes del deterioro de la sociedad, como la que hoy vivimos en nuestra nación. Hemos encontrado que un maravilloso antídoto es el cambio en la conducta que se logra al compartir principios y valores de manera secular, lo que abre la puerta de par en par para después dar a conocer ampliamente del Señor y su regalo de salvación, por los resultados inmediatos que se obtienen.

Has despreciado mis cosas sagradas y profanado mis días de reposo (Ezequiel 22.8).

En la nación, la mayoría de las personas no busca a Dios, sino que le ha dado la espalda, no le honra como Dios, ni le da las gracias, sino que se han hecho vanos en su razonamiento, y su necio corazón se ha entenebrecido.

En estos últimos años hemos tenido la certeza de que los que creemos en Dios y además le creemos, contamos con tres armas superpoderosas y efectivas para sacar la bendición de la Palabra del Señor fuera de templos y auditorios: la oración, el ayuno y la unidad, por cierto, esta última en desuso, ya que hemos privilegiado diferencias litúrgicas, operacionales, teológicas y doctrinales, dejando atrás lo que Dios nos pide, que seamos uno, de un mismo sentir, un mismo espíritu. Enfatizo aquí que **unidad** no es uniformidad.

Ha sido claro que hemos dejado pasar entre las denominaciones, las no denominaciones, los tradicionales y los no tradicionales, los neo y los no tan neo, un horrible espíritu de competencia que provoca juicio, envidia, celos y rencores. El clásico ¿cómo estás?, ya no es un genuino y franco saludo, sino que cambia por ¿cuántos son ahora? Tampoco se dice ya: «El Señor me ha hablado, me está cambiando el corazón, te cuento», sino «¿Aún no te has cambiado a algún lugar más grande?, ¿de verdad siguen ahí?, pero, es muy pequeñito ¿no?, pues fíjate que a mí el Señor ya me dio un lugar muchísimo mejor, ¡es enorme!», y cosas así.

> En ti han estado calumniadores para derramar sangre, en ti han comido en los santuarios de los montes y en ti han cometido perversidades (Ezequiel 22.9).

Es notorio que la sociedad mexicana se está deteriorando moralmente, hay un resquebrajamiento cada vez mayor. Hoy se enarbolan todo tipo de banderas y muchos con beneplácito participan en lo que sea, en lo que venga a la mano, con pretextos que van desde una acrecentada modernidad, hasta un canal socialmente aceptado para satisfacerse sin importar el costo.

Pablo lo dice en Romanos 1.24–25 y pareciera que estuviera describiendo cosas que están sucediendo hoy:

> Por consiguiente, Dios los entregó a la impureza en la lujuria de sus corazones, de modo que deshonraron entre sí sus propios cuerpos; porque cambiaron la verdad de Dios por la mentira, y adoraron y sirvieron a la criatura en lugar del Creador, quien es bendito por los siglos. Amén.

De igual forma, el texto de Ezequiel es como si hablara del mismo tiempo y las mismas personas de nuestra sociedad, lo cual refleja que a pesar de la modernidad, el desarrollo cultural, los grandes avances científicos y tecnológicos, el corazón del hombre sigue siendo el mismo y su única solución es Jesucristo.

> Se ha descubierto la desnudez del padre, en ti han humillado a la que estaba impura por su menstruación. Uno ha cometido abominación con la mujer de su prójimo, otro ha manchado a su nuera con

lascivia, y en ti otro ha humillado a su hermana, la hija de su padre (Ezequiel 22.10–11).

Por todos es sabido que los niveles de corrupción, abuso, violencia, delincuencia y deshonestidad han crecido brutalmente. Tenemos que romper con la inercia de culpar al gobierno de todo lo que sucede, es indudable que la carencia de principios y valores de la sociedad en su conjunto provoca todo lo anterior y, al menos, sé que no estoy libre para arrojar la primera piedra.

En ti se ha recibido soborno para derramar sangre; has tomado interés y usura, y has dañado a tus prójimos, extorsionándolos y de mí te has olvidado, declara el Señor DIOS. Y he aquí, bato palmas contra las ganancias deshonestas que has adquirido y contra el derramamiento de sangre que hay en medio de ti. ¿Aguantará tu corazón o serán fuertes tus manos en los días que yo actúe contra ti? Yo, el SEÑOR, he hablado y lo haré (Ezequiel 22.12–14).

Las preguntas obligadas aquí son: ¿hasta cuándo? y ¿hasta cuánto? Estamos esperando la Segunda Venida del Señor Jesucristo pero, ¿habremos hecho ya todo lo que tenemos que hacer cada uno para recibirle?

Yo te dispersaré entre las naciones, te esparciré por las tierras y haré desaparecer de ti tu inmundicia. Y por ti misma quedarás profanada a la vista de las naciones; y sabrás que yo soy el Señor (Ezequiel 22.15–16).

Resulta angustiante para mí la confrontación en Mateo 7.21–23 que señala:

No todo el que me dice: «Señor, Señor», entrará en el reino de los cielos, sino el que hace la voluntad de mi Padre que está en los cielos. Muchos me dirán en aquel día: «Señor, Señor, ¿no profetizamos en tu nombre, y en tu nombre echamos fuera demonios, y en tu nombre hicimos muchos milagros?» Y entonces les declararé: «Jamás os conocí; apartados de mí, los que practicáis la iniquidad».

Por lo que me pregunto constantemente ante tal manifestación de maldad por todo el país: ¿en dónde estamos los cristianos? ¿Qué estamos haciendo? ¿Por qué no es suficiente?

Y vino a mí la palabra del Señor, diciendo: Hijo de hombre, la casa de Israel se ha convertido en escoria para mí; todos ellos son bronce, estaño, hierro y plomo en medio del horno; escoria de plata son. Por tanto, así dice el Señor Dios: «Por cuanto todos vosotros os habéis convertido en escoria, por tanto, he aquí, os voy a reunir en medio de Jerusalén. Como se junta plata, bronce, hierro, plomo y estaño en medio del horno, y se atiza el fuego en él para fundirlos, así os juntaré yo en mi ira y en mi furor, os pondré allí y os fundiré. Os reuniré y atizaré sobre vosotros el fuego de mi furor, y seréis fundidos en medio de ella. Como se funde la plata en el horno, así seréis fundidos en medio de ella; y sabréis que yo, el Señor, he derramado mi furor sobre vosotros» (Ezequiel 22.17–22).

Mi impresión es que necesitamos tener, buscar, anhelar más de Dios, mucho más de su santidad, de sus milagros y también de su poder y de su autoridad.

Y vino a mí la palabra del Señor, diciendo: Hijo de hombre, dile: «Tú eres tierra que no ha sido lavada ni mojada con la lluvia el día de la indignación». Hay conspiración de sus profetas en medio de ella, como león rugiente que desgarra la presa. Han devorado almas, de las riquezas y cosas preciosas se han apoderado, las viudas se han multiplicado en medio de ella. Sus sacerdotes han violado mi ley y han profanado mis cosas sagradas; entre lo sagrado y lo profano no han hecho diferencia, y entre lo inmundo y lo limpio no han enseñado a distinguir; han escondido sus ojos de mis días de reposo, y he sido profanado entre ellos. Sus príncipes en medio de ella son como lobos que desgarran la presa, derramando sangre y destruyendo vidas para obtener ganancias injustas. Y sus profetas los han recubierto con cal, viendo visiones falsas y adivinándoles mentiras, diciendo: «Así dice el Señor Dios», cuando el Señor no ha hablado (Ezequiel 22.23–28).

Es necesaria pues la unidad entre los cristianos, una mucha mayor entrega y pasión de los líderes para alcanzar la gran conquista de la nación, siendo ejemplo de santidad y amor para todos los creyentes:

Por tanto, a los ancianos entre vosotros, exhorto yo, anciano como ellos y testigo de los padecimientos de Cristo, y también participante de la gloria que ha de ser revelada: pastoread el rebaño de Dios entre vosotros, velando por él, no por obligación, sino voluntariamente, como quiere Dios; no por la avaricia del dinero, sino con sincero deseo; tampoco como teniendo señorío sobre los que os han sido confiados, sino demostrando ser ejemplos del rebaño (1 Pedro 5.1–3).

En los versículos 29 y 30, Ezequiel 22 es contundente con su expresión. Veo la mano de Dios de nuevo con misericordia, exhortándonos a responderle con ahínco, con fe, con valor:

Las gentes de la tierra han hecho violencia y cometido robo, han oprimido al pobre y al necesitado y han maltratado injustamente al extranjero. Busqué entre ellos alguno que levantara un muro y se pusiera en pie en la brecha delante de mí a favor de la tierra, para que yo no la destruyera, pero no lo hallé.

Abraham pedía a Dios que no destruyera Sodoma y Gomorra:

Entonces los hombres se levantaron de allí, y miraron hacia Sodoma; y Abraham iba con ellos para despedirlos. Y el SEÑOR dijo: ¿Ocultaré a Abraham lo que voy a hacer, puesto que ciertamente Abraham llegará a ser una nación grande y poderosa, y en él serán benditas todas las naciones de la tierra? Porque yo lo he escogido para que mande a sus hijos y a su casa después de él que guarden el camino del SEÑOR, haciendo justicia y juicio, para que el SEÑOR cumpla en Abraham todo lo que Él ha dicho acerca de él.

Y el SEÑOR dijo: El clamor de Sodoma y Gomorra ciertamente es grande, y su pecado es sumamente grave. Descenderé ahora y veré si han hecho en todo conforme a su clamor, el cual ha llegado hasta mí; y si no, lo sabré. Y se apartaron de allí los hombres y fueron hacia Sodoma, mientras Abraham estaba todavía de pie delante del SEÑOR. Y Abraham se acercó, y dijo: ¿En verdad destruirás al justo junto con el impío? Tal vez haya cincuenta justos dentro de la ciudad; ¿en verdad la destruirás y no perdonarás el lugar por amor a los cincuenta justos que hay en ella? Lejos de ti hacer tal cosa: matar al justo con el impío, de modo que el justo y el impío sean tratados de la misma manera. ¡Lejos de ti! El Juez de toda la tierra, ¿no hará justicia?

Entonces el SEÑOR dijo: Si hallo en Sodoma cincuenta justos dentro de la ciudad, perdonaré a todo el lugar por consideración a ellos. Y Abraham respondió, y dijo: He aquí, ahora me he atrevido a hablar al Señor, yo que soy polvo y ceniza. Tal vez falten cinco para los cincuenta justos, ¿destruirás por los cinco a toda la ciudad? Y Él respondió: No la destruiré si hallo allí cuarenta y cinco. Abraham le habló de nuevo, y dijo: Tal vez se hallen allí cuarenta. Y Él respondió: No lo haré, por consideración a los cuarenta. Entonces Abraham dijo: No se enoje ahora el Señor, y hablaré; tal vez se hallen allí treinta. Y Él respondió: No lo haré si hallo allí treinta. Y Abraham dijo: He aquí, ahora me he atrevido a hablar al Señor; tal vez se hallen allí veinte. Y Él respondió: No la destruiré por consideración a los veinte. Entonces dijo Abraham: No se enoje ahora el Señor, y hablaré sólo esta vez; tal vez se hallen allí diez. Y Él respondió: No la destruiré por consideración a los diez. Y el Señor se fue tan pronto como acabó de hablar con Abraham; y Abraham volvió a su lugar (Génesis 18.16–33).

¿Encontrará hoy el Señor al menos diez entre su pueblo, que se levanten para que nuestro México no sea destruido porque ha llegado al colmo su maldad? Yo creo que hoy seremos muchos los que aceptaremos el reto, ¡**unidos haremos la diferencia!**

He derramado, pues, mi indignación sobre ellos; con el fuego de mi furor los he consumido; he hecho recaer su conducta sobre sus cabezas, declara el Señor Dios (Ezequiel 22.31).

Concluye Ezequiel 22, de la manera que no lo hará el Señor con nuestro México, si tú y yo hacemos lo que nos corresponde, parafraseando el versículo dirá: «He derramado, pues, mi bendición sobre ellos; con el fuego de mi Espíritu los he prosperado; he hecho recaer su conducta sobre sus cabezas, declara el Señor Dios».

Ante tanto pecado tenemos algunas opciones, una de ellas es seguir haciendo juicio contra el que no le conoce, encerrados en la congregación disfrutando el amor de Dios, agradeciendo a Dios que no somos como uno de esos publicanos. Una mejor posibilidad es participar más, exponiéndonos, dejando nuestra comodidad y reconociendo que la enseñanza del Señor Jesucristo está vigente siempre y que quizá nos hemos distraído o descuidado y no todos, o no muchos, pudiéramos preguntarle:

Señor, ¿cuándo te vimos hambriento, y te dimos de comer, o sediento, y te dimos de beber? ¿Y cuándo te vimos como forastero, y te recibimos, o desnudo y te vestimos? ¿Y cuándo te vimos enfermo, o en la cárcel, y vinimos a ti? Respondiendo el Rey, les dirá: «En verdad os digo que en cuanto lo hicisteis a uno de estos hermanos míos, aun a los más pequeños, a mí lo hicisteis» (Mateo 25.37–40).

Desde luego que necesitamos fe, mucha, para creer que podemos hacer una parte, fe quizá del tamaño de un grano de mostaza para que «lo torcido se enderece, y lo áspero se allane» (Isaías 40.4, RVR60).

Sin duda alguna lo primero que requerimos es la intervención divina con todo su poder y sabiduría. Es su Palabra viva y eficaz, sus conceptos, sus principios y valores, sus metas y las tareas encomendadas, lo único que nos puede cambiar, pues sólo así aprenderemos del Señor a dar amor y sentir compasión por el que sufre a nuestro rededor. Todos podemos cambiar o seguir cambiando el corazón. Así el bueno como el malo, el inteligente y el limitado, el culto y el ignorante, el pobre y el rico, el relacionado y el desconocido. Todos y todo necesitamos de Dios, es verdad que solo Él endereza lo torcido y allana lo áspero.

Una opción adicional y quizá más trascendente, es que lleguemos a tener tal unidad entre nosotros, que siguiendo el ejemplo de tantos personajes bíblicos, participemos activamente en el servicio público, entendiendo este como la herramienta que nos permite acelerar el proceso para lograr el bien común. Escuché decir a algún conferencista que la búsqueda del bien común abre puertas, acorta caminos y acelera procesos.

¡Oh, si hubieras atendido a mis mandamientos! Entonces tu paz habría sido como un río, y tu justicia como las olas del mar (Isaías 48.18).

Es esa inexplicable misericordia del Señor, que a pesar de rechazarlo a veces, negarlo otras o dejar de buscarlo algunas o muchas veces más, todavía nos señala lo que ha pasado en un tono de tal modo reconciliatorio, que en lo personal me toca fibras tan sensibles, que de nuevo me arrepiento de mi frialdad, mi soberbia o mi descuido y al oír su voz, una y otra vez, viene a mí la convicción de que solo Dios es nuestra paz y nuestra justicia. Que si todos hacemos algo, poco o mucho, rápido o lento, si doblegamos nuestras actitudes, avanzaremos mucho más.

Si reconocemos que este es un tiempo en el que la mano de Dios está sobre México, lo debemos aprovechar, así como aceptar el hecho de que el Señor quiere iniciar algo contigo y conmigo para cambiar nuestra nación.

Recordemos que su obra en nosotros inicia por su amor y no por nuestros méritos:

> Pero cuando se manifestó la bondad de Dios nuestro Salvador, y su amor hacia la humanidad, Él nos salvó, no por las obras de justicia que nosotros hubiéramos hecho, sino conforme a su misericordia, por medio del lavamiento de la regeneración y la renovación por el Espíritu Santo, que Él derramó sobre nosotros abundantemente por medio de Jesucristo nuestro Salvador (Tito 3.4–6).

Su obra no terminará hasta que vayamos a su presencia, cada vez me siento más cerca de Él por lo que hace por mí y veo con claridad la necesidad de seguir desarrollando esa hermosa relación y madurando como creyente para alcanzar su propósito para mi vida.

> Hasta que todos lleguemos a la unidad de la fe y del conocimiento pleno del Hijo de Dios, a la condición de un hombre maduro, a la medida de la estatura de la plenitud de Cristo (Efesios 4.13).

Estoy seguro de que la clave para dejar de ser un obstáculo y empezar a ser un catalizador es la **santidad**, la manera de vivir, así nuestro amor por su iglesia se manifiesta primero al limpiarla, considerando que su iglesia es el grupo de creyentes en Él, sin importar la religión, la creencia o las formas.

> Maridos, amad a vuestras mujeres, así como Cristo amó a la iglesia y se dio a sí mismo por ella, para santificarla, habiéndola purificado por el lavamiento del agua con la palabra, a fin de presentársela a sí mismo, una iglesia en toda su gloria, sin que tenga mancha ni arruga ni cosa semejante, sino que fuera santa e inmaculada (Efesios 5.25–27).

Nos espera un momento glorioso, ir a su presencia, y cuando reflexiono en ello, me pregunto: ¿Qué le entregaré en adoración y profundo agradecimiento?

Por lo que le pido a Dios que como Pablo en 2 Timoteo 4.7–8 pueda decir al final de mis días:

> He peleado la buena batalla, he terminado la carrera, he guardado la fe. En el futuro me está reservada la corona de justicia, que el Señor, Juez justo, me entregará en aquel día; y no sólo a mí, sino también a todos los que aman su venida.

> ¡Los cristianos unidos haremos la diferencia!

La dimensión social del cristianismo

BIEN COMÚN[1]

Es tremenda la lucha que enfrentamos en nuestras sociedades latinas, no sólo no tenemos la enseñanza de dar y participar, sino que solemos esconder la mano, proteger la cartera y voltear la vista ante el sufrimiento y el dolor ajeno.

Los empresarios, una gran mayoría, buscan tener el máximo de utilidades a costa de pagar los menores sueldos posibles, evadir impuestos y conseguir los mejores precios en los insumos sin importar la calidad.[2] Los empleados, aunque no todos, cumplen sus horarios presencialmente, pero sin responsabilidad alguna, se distraen en el teléfono con llamadas personales o en Internet navegando por la red como si fuera un día de descanso.[3] Los comerciantes tienen como meta comprar lo más barato y vender lo más caro que el cliente se deje, a su vez algunos clientes cometen lo que se conoce como «robo hormiga», importante motivo de pérdidas a nivel nacional.[4]

Muchos, y me duele insistir en ello, muchos empleados de gobierno de los tres ámbitos, así como muchos policías, ya por hábito, suelen participar de una forma entre simpática y campechana, en actos de corrupción, a los que asienten con frases como: «Ahí, pa'l chesco mi jefe», «Nomás póngase la del Puebla», «¿Y yo dónde leo?» o los más elegantes: «¿Entonces para qué son los amigos?, usted cuente conmigo, no se preocupe, nuestra amistad trasciende sexenios».

En lo práctico, y sin intentar ser moralista, me pregunto si eso es lo correcto… Es muy fácil criticar, quejarnos y echarle la culpa al gobierno, pero es tan difícil decidir ser parte de la solución.

Recuerdo con risa pero a la vez con profunda tristeza, una ocasión en la que salía de Palacio Nacional con un grupo de compañeros de trabajo, cada uno con una bolsa muy vistosa de papel que contenía el libro del Plan Nacional de Desarrollo del Presidente de la República Mexicana, Felipe Calderón, y una mujer indigente de quizá unos sesenta años nos atacó verbalmente y, dentro de una sarta de incoherencias, nos gritó señalando las bolsas que cada uno llevaba: ¡En eso se gastan nuestros impuestos! Uno de nosotros preguntó con sarcasmo si alguna vez esta mujer habría pagado impuestos.

Me viene a la memoria otro momento, pero este con muchísimo agrado, en el que por descuido me pasé un semáforo (¡sí! por descuido, jajaja) y de inmediato un agente de tránsito me detuvo, dando lugar a la clásica escena:

—Buenos días joven, ¿cómo le va?

—Muy bien oficial, gracias, ¿y a usted?

—Bien, aquí nomás sirviendo a la nación. Joven, (¿joven?) se pasó el alto…

—Sí, oficial, no me di cuenta.

—¡Huy! pues, ahora las infracciones están carísimas, usté dirá…

—Oficial, levánteme la infracción, no hay problema.

—Usté dígame, aquí en confianza…

—Mire oficial, yo soy cristiano…

—¡Huy no! Ya sé cómo son ustedes, váyase, váyase, nunca dan.

Hermoso testimonio del cristiano que este policía había detenido, quizá unos minutos antes, y no cayó en corrupción.

Así hemos vivido. A lo que hemos aprendido por generaciones le sumamos enseñanzas mediáticas o prácticas como «el que no transa no avanza», «vivir fuera del presupuesto es un error», o «un político pobre, es un pobre político» y tantas más.

SOLIDARIDAD[5]

De manera coloquial expresamos nuestra solidaridad con frases como: «Échale más agua a los frijoles» o «Aunque sea frijolitos, pero para todos alcanza».

Los latinoamericanos somos solidarios, pero sólo cuando hay desgracias como fenómenos naturales que pueden dañar terriblemente a una población, y en cuanto pasa la crisis, regresamos a nuestra habitual actitud de «yo y los míos».

- 7 de cada 10 mexicanos apoyan en casos de emergencias.
- Sólo 3 de cada 10 ayudan a alguien cercano cotidianamente.
- 85% de las personas no pertenecen a ninguna organización ciudadana.[6]

Con los cristianos no sucede diferente, en general, el resultado es similar. Desde luego con las maravillosas excepciones de ministerios muy admirables que apoyan a los más pobres y vulnerables y aquellos que siguen entregando su vida y las de sus familias en las misiones en lugares inhóspitos o agrestes. En este punto y con el arduo e inagotable trabajo de estos ministerios surgen las desesperantes preguntas de: ¿cómo podemos lograr que se multipliquen al ciento por uno?, ¿cómo hacer que su extraordinaria experiencia se repita de tal manera que solucionen un alto porcentaje de los flagelos que combaten?

La mayoría de los cristianos parece que se conforman a este siglo y deciden no transformarse por medio de la renovación de su entendimiento. En la comodidad de las cuatro paredes de sus congregaciones, cierran el corazón y la actuación solidaria a favor de los más pobres y desvalidos, peor aún, rechazan todo tipo de apoyo social y participación en el servicio público protegidos por aquella vieja y equivocada enseñanza de que esa actividad es del diablo.

Enseñanza promovida seguramente por un tipejo rojo, de cuernos y trinche en la mano (es broma, sabemos que se disfraza como ángel de luz) que tiene un temor enorme de que el pueblo cristiano se levante a llevar los principios y valores bíblicos a todo ámbito y actividad, no sólo como una enseñanza importante, sino como la colaboración de personas que enarbolen, además de vivir esos principios y valores en lo práctico, en lo cotidiano, en el servicio a los demás, logrando el bien común en esas palestras, usualmente lejanas a los cristianos, en donde además de ser notorio, permitan que esa manera de vivir sea tan atractiva por sus resultados en la transformación de cada persona, que muchos más busquen conocer la verdad, porque esa verdad les hará libres.

Más no ruego sólo por éstos, sino también por los que han de creer en mí por la palabra de ellos (Juan 17.20).

Se puede hablar de la solidaridad como un sentimiento de unidad que se basa en intereses o metas comunes. También se entiende como el conjunto de lazos sociales que unen a los integrantes de un grupo entre sí.

Esto me parece sensato y entiendo que hay conceptos clave para la transformación que necesitamos en el cristianismo. Conceptos que ya el mismo Señor Jesucristo nos ha enseñado; por tanto es tiempo de llevarlos a cabo, porque las condiciones están dadas, porque las puertas se están abriendo para los cristianos que quieren participar, porque los caminos se están acortando para aprovechar los recursos que los gobiernos ofrecen a la sociedad civil y porque los procesos se aceleran para que más y más creyentes participen en los ámbitos económico, educativo, mediático, cultural y del servicio público, sin dejar a un lado la importante labor de servir en sus grupos o congregaciones.

METAS E INTERÉS COMÚN

La gran meta en común que todos debemos tener es hacer discípulos en todas las naciones y predicar el evangelio a toda criatura, enseñándoles que guarden todas las cosas que el Señor nos ha mandado; sin embargo, enfatizamos la predicación pero descuidamos el bien común. Recordemos que todo lo que hagamos por uno de estos pobrecitos, como el Señor les llamó, al Señor lo haremos. La enseñanza de dar es constante en la Palabra.

Al que te pida, dale; y al que desee pedirte prestado no le vuelvas la espalda. Habéis oído que se dijo: «Amarás a tu prójimo y odiarás a tu enemigo». Pero yo os digo: amad a vuestros enemigos y orad por los que os persiguen (Mateo 5.42–44).

Al leer de nuevo estos versículos no puedo dejar de recordar a un querido amigo, del que nunca supe si lo hacía en serio o en broma, pero cuando íbamos en su automóvil, cerraba la ventanilla para no escuchar que alguno le pidiera dinero en el semáforo y no tuviera que darle para no transgredir este ordenamiento.

Por otro lado, es muy clara la enseñanza de la Palabra de Dios respecto a la prosperidad. Si guardo y hago conforme a todo lo que está escrito, entonces haré prosperar mi camino y todo me saldrá bien. Y hay un énfasis en que Dios nos da para dar, en concreto a los de la familia de la fe, para que de forma especial veamos por los más pobres y vulnerables, por los que no tienen las mismas oportunidades. No podemos seguir ocultándonos en el hecho de que a los pobres siempre los tendremos, como dice la Escritura; creo que siempre los tendremos, precisamente para darles en el nombre del Señor, para que Él sea glorificado y crean en su amor.

Desde luego hay varias formas de dar, desde la tradicional limosna hasta la elaboración de proyectos de vivienda o educación; programas de alimentación y salud, de desarrollo social y de igualdad de oportunidades, financieros y de emprendedores, mediante la conformación de organizaciones de la sociedad civil que apoyen a los que más lo necesitan. Otra manera que en lo personal pienso que a la larga pudiera llegar a ser una opción todavía más efectiva, sin dejar de hacer lo primero, es participar en el servicio público, ocupando posiciones en los poderes Legislativo, Ejecutivo y Judicial, en la conquista de niveles de autoridad en todo lugar por personas con profundo compromiso con Dios y su Palabra, es decir, por aquellos que el Señor quiere usar para transformar a México, aquellos que conociendo los principios de la Palabra los apliquen en las decisiones de gobierno, en la procuración de justicia, en la creación y modificación de las leyes.

Cuando hablamos de dar, de ser solidarios en unidad, casi siempre se contrapone esa actitud muy latina de «A mí, ¡que me den! Yo, ¿por qué tengo que dar?», por lo que sufrimos las consecuencias de nuestros actos. Otras culturas como la judía y la libanesa son mucho más prósperas, porque en ellas se cumple el principio de **dar, prosperar**. Así nos dan ejemplo de solidaridad y unidad. Hagamos lo propio y veremos resultados. Recordemos las palabras de nuestro Señor en Lucas 6.38:

> Dad, y os será dado; medida buena, apretada, remecida y rebosante, vaciarán en vuestro regazo. Porque con la medida con que midáis, se os volverá a medir.

UNIDAD

¡Esencial para fortalecernos! Estoy seguro de que los problemas de discriminación y violencia en contra de los cristianos en Chiapas, que los problemas de pobreza extrema de los creyentes en Oaxaca, entre otros estados, y la tradicional dificultad de trámites y autorizaciones por el hecho de ser cristianos serían disminuidos y a la larga erradicados si todos levantáramos la voz y actuáramos en consecuencia con unidad.

> Yo les he dado tu palabra y el mundo los ha odiado, porque no son del mundo, como tampoco yo soy del mundo. No te ruego que los saques del mundo, sino que los guardes del maligno (Juan 17.14–15).

Me pregunto si la manera en que el Señor quiere guardar a su pueblo es a través de la unidad, pienso que este es un tema esencial en el que tenemos que trabajar. Insisto en que unidad no es uniformidad, estoy seguro de que podemos vivir respetando nuestras diferencias y privilegiando nuestras coincidencias. En lo personal tengo un profundo respeto por las diferentes denominaciones, formas y liturgias; creo de todo corazón que ninguna es mejor que otra y que todas son necesarias. Somos de tan variados gustos y necesidades, que el Señor en su gran sabiduría y misericordia ha inspirado diversos ministerios para que logremos alcanzar a todo tipo de personas. *El mismo Señor que nos ha dado diferentes visiones para servir a los demás, es quien enfatiza el tema de la unidad*:

> ...para que todos sean uno. Como tú, oh Padre, estás en mí y yo en ti, que también ellos estén en nosotros, para que el mundo crea que tú me enviaste. La gloria que me diste les he dado, para que sean uno, así como nosotros somos uno: yo en ellos, y tú en mí, para que sean perfeccionados en unidad, para que el mundo sepa que tú me enviaste, y que los amaste tal como me has amado a mí (Juan 17.21–23).

Este tema de la unidad tan controversial tiene también un principio de competencia, que creo ha hecho demasiado daño al cuerpo de Cristo: pienso que las diferencias pocas o muchas en las formas y aun algunas mayores en doctrina, no pueden ser tan importantes, en especial cuando lo valioso, lo trascendente es Cristo, su Palabra y su propósito.

Si se hincan o no, si usan velo o no, si la música es gregoriana o moderna, si cantan o no, si aplauden o no, si es templo o auditorio, si tienen consistorio o no, si es obispo o es presidente, si son pobres o ricos, si oran en lenguas o no, si danzan o no, si gritan o no, si oran por sanidad o no, si echan fuera demonios o no. Más bien creo que ya es tiempo de echar fuera esos demonios de juicio, de crítica, de competencia y dar lugar al Espíritu de amor, de generosidad, de apoyo, de respeto.

Le doy gracias a Dios porque he conocido a fondo a unos y a otros, a los extremos y a los que están en medio y de verdad los amo a todos y los respeto a todos y ¡gran milagro!, puedo convivir con unos y con otros, tratarnos como verdaderos hermanos, respetar las diferencias sin criticar, corregir o «tener» que cambiar nada ni a nadie.

He de aceptar que por años me sentí juzgado y rechazado, ¿cómo que no es pastor?, ¿cómo que no son asociación religiosa (A.R.)?, ¿que no se reúnen en un templo? ¡Es un empresario, ¿qué esperabas de él?! y luego se puso peor cuando entré al gobierno, que si son neopentecostales, que si deberían ser A.R., que debería ser ministro de culto y no servidor público, que ya se desviaron del propósito de Dios, etc., etc., etc.

Pero Dios ha sido bueno y generoso conmigo, me ha dado el hermoso regalo y la oportunidad de tener muchos amigos entre el pueblo cristiano por todo el país, ahora sí que olvidando las diferencias, privilegiando las coincidencias y aunque algunos siguen pensando que no lo entienden, muchos otros me han dicho, ¡al fin lo entendí!

Hoy me siento apreciado y aceptado por la mayoría, por obispos y presidentes, por pastores y directores, por hermanos y amigos. Gracias a todos por permitirnos ser parte del cuerpo y aceptarnos como tal a pesar de nuestras locuras.

Cuando nos demos cuenta que el interés es competir, ya sea saber más que el otro y demostrárselo, tener más miembros o asistentes, que el edifico sea más grande o se encuentre en una mejor zona, que tengamos más iglesias o grupos, en más ciudades y poblaciones o que hagamos más trabajo social o tengamos más influencia en el gobierno o nuestra denominación tenga sus propios materiales o salga más en medios que los demás, podremos entender por qué no hay unidad en el cuerpo de Cristo.

Lo trascendente es cómo ayudarnos y fortalecernos, no cómo convencernos o desecharnos, es cómo ser uno y perfeccionarnos, no estar solos y juzgarnos; es aceptar que sí nos necesitamos unos a otros en vez de despreciarnos, y recordar que la unidad es el mejor testimonio que podemos dar al mundo para que sepan que el Padre envió a su Hijo por el amor que tiene por **todo** su pueblo.

A pesar de que en los últimos años he escuchado con insistencia el tema de la unidad los resultados no son visibles. He visto con tristeza que la crítica, el juicio y la división entre las diferentes iglesias o grupos cristianos es una constante. Quizá sea tiempo del perdón y la confianza. Perdonar las ofensas y reconciliarnos confiando en que Dios sí cambia vidas, que así como estamos expuestos a la Palabra y nos limpia, también el que nos ha ofendido seguramente lo está y Dios lo ama y lo sigue transformando, no olvidemos que la Palabra señala con absoluta claridad:

> Pero yo os digo que todo aquel que esté enojado con su hermano será culpable ante la corte; y cualquiera que diga: «Raca» a su hermano, será culpable delante de la corte suprema; y cualquiera que diga: «Idiota», será reo del infierno de fuego. Por tanto, si estás presentando tu ofrenda en el altar, y allí te acuerdas que tu hermano tiene algo contra ti, deja tu ofrenda allí delante del altar, y ve, reconcíliate primero con tu hermano, y entonces ven y presenta tu ofrenda (Mateo 5.22–24).

2

La dimensión ética del cristianismo

LAZOS SOCIALES

Este concepto lleva implícita una participación activa y contundente con la sociedad en todo sentido. Es cierto, nos somos del mundo, pero sí estamos en el mundo y desde luego que no podemos hacernos (conformarnos) como el mundo, pero eso no implica que nos encerremos en los templos y auditorios y no tengamos ninguna participación con la sociedad, con el gobierno local y con otras instituciones u organizaciones que promuevan el bien social. Es, precisamente, en la cancha en donde se juega futbol, no cerca del estadio o como el Señor nos dijo en Mateo 13.37-39:

> Y respondiendo Él, dijo: El que siembra la buena semilla es el Hijo del Hombre; y el campo es el mundo; y la buena semilla son los hijos del reino, y la cizaña son los hijos del maligno; y el enemigo que la sembró es el diablo, y la siega es el fin del mundo, y los segadores son los ángeles.

De modo que sigamos sembrando la semilla en nuestras hermosas reuniones de domingo, pero sembremos también en el campo, que es el mundo y la buena semilla son aquellos hijos del reino, que decidan prepararse, en lo espiritual y en las ciencias, en la predicación y en las empresas, en las reuniones con cristianos y en las reuniones con políticos, en las escuelas dominicales y en los institutos bíblicos, pero también en los colegios y las universidades, en los cónclaves y órganos de gobierno de las iglesias y grupos cristianos; asimismo, en posiciones de gobierno federal, estatal y municipal. Así estaremos contrarrestando tanta mala semilla que el maligno ha sembrado en nuestro país por nuestro descuido.

Estoy expectante y muy motivado, los cristianos podemos, debemos y ya muchos queremos **transformar a México**. Este es un tiempo de oportunidad para que eso pase y creo que esta participación en todos los ámbitos ya está sucediendo, e implica la necesidad de convivir con la sociedad civil, sin importar si son o no cristianos.

Al participar de forma coordinada en proyectos y actividades sociales, no hay yugo desigual cuando nuestra fe y principios son respetados, incluso creo que esa es la mejor manera de compartirlos, precisamente con personas a las que usualmente no tenemos acceso.

Cada vez que en estos años de participación en el gobierno he estado en reuniones, en lugares y con personajes que nunca imaginé poder estar y que se habla de «Ustedes los cristianos son... o los cristianos han hecho... o sabemos el alcance y capacidad que los cristianos tienen..., etcétera», mi corazón se llena de gozo y satisfacción. A mi entender eso nunca antes había sucedido, no éramos tomados en cuenta en ambientes del servicio público o empresariales, sino únicamente por los talentos individuales, pero no en un conjunto de personas unidas estableciendo lazos sociales.

PRINCIPIOS Y VALORES

Es hermosa la enseñanza que recibimos de la Palabra de Dios en las congregaciones y grupos cristianos; majestuosas las historias bíblicas y la hermenéutica, la exégesis, la escatología; las escuelas dominicales y las escuelas de liderazgo, así como los diversos seminarios e institutos bíblicos, le pido a Dios que nunca estas enseñanzas e instituciones se detengan ni dejen de avanzar en la formación cristiana, tan necesaria hoy día.

Doy gracias a Dios por todos esos creyentes que llevan lo que aprenden al diario vivir, a un estilo de vida, a una aplicación frecuente, constante y cotidiana.

La ética, en términos filosóficos, incluye el estudio de la moral, la felicidad, el deber, la virtud y el buen vivir. Conceptos que mencionan las Escrituras con mucha mayor contundencia en Romanos 12.1–21:

Por consiguiente, hermanos, os ruego por las misericordias de Dios que presentéis vuestros cuerpos como sacrificio vivo y santo, aceptable a Dios, que es vuestro culto racional. Y no os adaptéis a este mundo, sino transformaos mediante la renovación de vuestra mente, para que verifiquéis cuál es la voluntad de Dios: lo que es bueno, aceptable y perfecto. Porque en virtud de la gracia que me ha sido dada, digo a cada uno de vosotros que no piense más alto de sí que lo que debe pensar, sino que piense con buen juicio, según la medida de fe que Dios ha distribuido a cada uno. Pues así como en un cuerpo tenemos muchos miembros, pero no todos los miembros tienen la misma función, así nosotros, que somos muchos, somos un cuerpo en Cristo e individualmente miembros los unos de los otros.

Pero teniendo dones que difieren, según la gracia que nos ha sido dada, usémoslos: si el de profecía, úsese en proporción a la fe; si el de servicio, en servir; o el que enseña, en la enseñanza; el que exhorta, en la exhortación; el que da, con liberalidad; el que dirige, con diligencia; el que muestra misericordia, con alegría. El amor sea sin hipocresía; aborreciendo lo malo, aplicándoos a lo bueno.

Sed afectuosos unos con otros con amor fraternal; con honra, daos preferencia unos a otros; no seáis perezosos en lo que requiere diligencia; fervientes en espíritu, sirviendo al Señor, gozándoos en la esperanza, perseverando en el sufrimiento, dedicados a la oración, contribuyendo para las necesidades de los santos, practicando la hospitalidad. Bendecid a los que os persiguen; bendecid, y no maldigáis. Gozaos con los que se gozan y llorad con los que lloran.

Tened el mismo sentir unos con otros; no seáis altivos en vuestro pensar, sino condescendiendo con los humildes. No seáis sabios en vuestra propia opinión. Nunca paguéis a nadie mal por mal. Respetad lo bueno delante de todos los hombres. Si es posible, en cuanto de vosotros dependa, estad en paz con todos los hombres. Amados, nunca os venguéis vosotros mismos, sino dad lugar a la ira de Dios, porque escrito está: Mía es la venganza, yo pagaré, dice el Señor. Pero si tu enemigo tiene hambre, dale de comer; y si tiene sed, dale de beber, porque haciendo esto, carbones encendidos amontanarás sobre su cabeza. No seas vencido por el mal, sino vence con el bien el mal.

Me deleito tanto por el ambiente como por la semántica, así como por la música y la liturgia, y desde luego por la convivencia, ¡qué grato es habitar los hermanos juntos!, sin embargo, reflexiono con frecuencia si tenemos que llevar ese ambiente al mundo a fin de conquistarlo para Cristo, o son precisamente esas situaciones y actitudes las que llegan a ser un obstáculo para muchos, para acercarse a escuchar, aprender y aplicar los principios y valores.

No considero necesario insistir ni aun llegar a presumir que esos principios y valores, universalmente aceptados, son precisamente bíblicos y la mayoría no lo sabe. Desde luego que son bíblicos, sólo el Señor, que nos ha creado, tiene además de toda la sabiduría, el conocimiento pleno de lo que somos, tenemos y necesitamos para lograr una convivencia adecuada, justa, solidaria y equitativa con nuestros semejantes y, en especial, con nuestro prójimo.

Por lo demás, hermanos, todo lo que es verdadero, todo lo digno, todo lo justo, todo lo puro, todo lo amable, todo lo honorable, si hay alguna virtud o algo que merece elogio, en esto meditad. Lo que también habéis aprendido y recibido y oído y visto en mí, esto practicad, y el Dios de paz estará con vosotros (Filipenses 4.8–9).

El asunto es, ¿qué es lo que necesitamos para no delinquir? Más allá de conocer las leyes y decidir no infringirlas (en general por temor a sufrir las consecuencias), debemos tener convicción de hacer lo correcto porque es lo correcto, convicción de hacer lo que la Palabra de Dios dice sólo porque lo dice, no porque lo entienda o me acomode.

Pues su divino poder nos ha concedido todo cuanto concierne a la vida y a la piedad, mediante el verdadero conocimiento de aquel que nos llamó por su gloria y excelencia, por medio de las cuales nos ha concedido sus preciosas y maravillosas promesas, a fin de que por ellas lleguéis a ser partícipes de la naturaleza divina, habiendo escapado de la corrupción que hay en el mundo por causa de la concupiscencia.

Por esta razón también, obrando con toda diligencia, añadid a vuestra fe, virtud, y a la virtud, conocimiento; al conocimiento, dominio propio, al dominio propio, perseverancia, y a la perseverancia, piedad, a la piedad, fraternidad y a la fraternidad, amor. Pues estas virtudes, al estar en vosotros y al abundar, no os dejarán ociosos ni estériles en el verdadero conocimiento de nuestro Señor Jesucristo. Porque el que carece de estas virtudes es ciego o corto de vista, habiendo olvidado la purificación de sus pecados pasados. Así que, hermanos, sed tanto más diligentes para hacer firme vuestro llamado y elección de parte de Dios; porque mientras hagáis estas cosas nunca tropezaréis (2 Pedro 1.3–10).

He encontrado una recepción tal en cuanto al tema de principios y valores que he pensado, como nos sucede a muchos cuando vemos algo que nos sorprende, ¿por qué no se me ocurrió a mí?

Hasta hoy nadie me ha dicho que rechaza el tema, en realidad he recibido comentarios demasiado afines, tales como: ¡Eso es lo que necesitamos! ¡Los problemas en el país sólo se pueden resolver así! Y partiendo de una simple declaración: Todo tipo de delito es un desvalor.[1]

Para sembrar principios y valores, como un primer detonador de un cambio en la conducta de muchos y del bienestar de la sociedad, como una forma de opción para buscar al Señor, hemos encontrado una estrategia que nos ha resultado mejor que las tradicionales, y no por ello menos valiosas e impactantes, predicaciones de los domingos y en algunos casos de los miércoles por la noche. Ha sido otra manera de salir de las cuatro paredes, un piso y un techo, para considerar las buenas obras que Santiago menciona en sus enseñanzas, es ese testimonio de llevar la fe a la práctica, de ser no solo oidores de la Palabra sino hacedores.

Es esa realidad que detiene y obstaculiza toda esa cantidad de mentiras que el enemigo levanta en contra de los creyentes en cuanto a que sólo en las reuniones de cristianos somos diferentes, mientras que afuera nos comportamos como los demás. Los que creemos en el Señor, pero además le creemos, podemos vivir de una manera distinta todo el tiempo y no por ello ser raros o alejados, apartados de la realidad o solo idealistas.

Esta estrategia ha sido de gran impacto y, por diferente, ofrece también resultados distintos a lo normal; hemos creído que permite sembrar la Palabra de Dios, pero sin las exigencias de hacerse miembro de una congregación o tener que asistir de manera regular a alguna reunión, servicio o culto.

Primero nos permite mostrar que el Dios en el que creemos es real, es un Dios de grandes milagros, pero también es un Dios de lo cotidiano, de enormes victorias y de pequeños acontecimientos; un Dios que se preocupa por su creación y anhela celosamente convivir con ella; una convivencia en la que la aplicación de sus principios transforma conductas y ofrece una mejor manera de vida.

Estos cambios muchas veces tan simples han sido usados por el Espíritu Santo para que las personas pidan más, brindando así la oportunidad preciosa para compartir ampliamente la Palabra. Es sencillo cuando la persona conoce que los principios bíblicos funcionan, abre su corazón y, entonces, el Señor añade a los que han de ser salvos.

Esta herramienta es una enseñanza simple para aprender a llevar a la práctica los principios bíblicos en la vida diaria y en un lenguaje secular; tomemos en cuenta aquí, que a veces hemos olvidado por la forma, el fondo, nos hemos hecho expertos en las Escrituras, en los eventos, en las predicaciones y en los conciertos, en todo lo que implica servir a nuestro Señor, al punto que llegamos a descuidar que nuestro Dios es un Dios vivo y de vida; es un Dios que nos enseña a vivir las veinticuatro horas del día bajo sus principios, mismos que nos garantizan la provisión, la protección y el cumplimiento de sus promesas.

Si buscamos primero el reino de Dios y su justicia, lo demás vendrá por añadidura. La transformación personal se da primero en la forma de pensar, no puede haber transformación si no renuevo mi mente (Romanos 12) y la forma de hacerlo es dar entrada a las razones y motivos de Dios, que son los principios universales.

Fácilmente podemos llegar a minimizar lo importante que es que los demás a mi alrededor vean en mi actuar a Dios y a Cristo, porque mucha de la incongruencia que llegamos a vivir, nace de la frase: «Es tan fuerte lo que haces que no me dejas escuchar lo que dices».

La Escritura cita en Génesis 1.28:

> Y los bendijo Dios y les dijo: Sed fecundos y multiplicaos, y llenad la tierra y sojuzgadla; ejerced dominio sobre los peces del mar, sobre las aves del cielo y sobre todo ser viviente que se mueve sobre la tierra.

Así que, establecer el reino de Dios en este mundo consiste en multiplicarnos, sojuzgar y dominar, que no es otra cosa que gobernar, comenzando desde luego, con nosotros mismos; porque Dios le dio al hombre un espíritu de amor, de poder y de dominio propio, precisamente para autogobernarse. Eso nos lleva a ordenar las prioridades en nuestra vida, por lo que al aplicar estos versículos debemos servir a otros, ya que gobierno es en esencia, **servicio**.

El espíritu de poder que el Señor puso en el hombre es su fortaleza, pero más que física, es la fortaleza interior la que lo sustenta, soporta o sostiene, como cimiento de la sociedad y, por tanto, sus acciones son, o deben ser, inspiración, esperanza e influencia para los demás, es ahí donde vemos primero el fruto de Dios en una persona: en el carácter en el que Dios nos instruye, y que Cristo nos mostró con su vida.

Nos sorprenden los resultados que obtenemos al aplicar los principios bíblicos en un lenguaje sencillo. Es más, a partir de la reflexión en pequeños grupos, las personas empiezan a valorarlos como un instructivo para que la vida marche bien y, en consecuencia, sus relaciones mejoran. Es tanto así que observamos cambios tan radicales en su entorno, en especial en el familiar, que sabemos que nuestro trabajo no es en vano.

> Porque el reino de Dios no es comida ni bebida, sino justicia y paz y gozo en el Espíritu Santo (Romanos 14.17).

Así que como una estrategia complementaria, el estudio de los principios bíblicos en un lenguaje laico y práctico, ha brindado soluciones a nuestra vida cristiana. Incluso para aquellos que dicen no querer saber de Cristo ni de grupos o congregaciones afines, es probable que lo rechacen porque han sido engañados o están lastimados y han perdido la confianza, pero lo desean en su corazón. Sin embargo, la aplicación de los principios y valores nos da congruencia y nos facilita la vida en santidad, nos da un cómo en la vida cotidiana.

Ha sucedido que muchas personas después de revisar los principios universales, han sentido la necesidad de preguntar de dónde viene todo ello y desde luego, han sido impactados y sorprendidos cuando hemos respondido que los principios que les hemos enseñado, son normas y valores bíblicos. Esta enseñanza complementa la formación en la vida cristiana y por sus resultados la seguiremos aplicando en cada lugar en donde nos sea posible.

Hemos tenido la oportunidad de usar esta herramienta con personas en cualquier nivel socioeconómico o cultural, con campesinos, presos, empresarios, padres de familia, jóvenes, policías, iniciando nosotros mismos con este autoaprendizaje, e invitando a nuestras a familias a vivirlo. Con los testimonios y la convicción de que los principios de Dios son para el diario vivir, los hemos llevado a nuestros ámbitos más cercanos como el trabajo, amistades y hasta con los vecinos.

En realidad nos ha sucedido que no hemos recibido ningún rechazo al concepto sino al contrario, hemos visto un genuino interés. Diría que percibimos hambre por principios y valores en muchos lugares y personas. Leí, en algún anuncio publicitario, tal vez en un espectacular, que toda violencia se inició en algún hogar y reflexioné sobre el hecho de que la violencia y el abuso, los fraudes y los robos, la delincuencia y todo tipo de maldad, suceden debido a la carencia de valores. Los conocemos, podemos definir los principios y los valores, pero somos flexibles a la hora de aplicarlos en la vida cotidiana; hacemos excepciones. Así vamos creciendo en el conocimiento de la Palabra pero no en el cambio de actitudes, por tanto necesitamos la renovación de nuestra mente a fin de generar nuevos hábitos y formas de conducirnos a partir de la enseñanza de la Palabra de Dios.

Algunas cifras para reflexionar:

- En uno de cada cuatro hogares hay alguna forma de violencia.[2]
- México gasta más de ciento quince mil millones de pesos en atender las consecuencias de la violencia familiar.[3]
- 67% de las mujeres que sufren la violencia en casa maltratan a sus hijos.[4]
- 45% de los niños que viven en situación de calle fueron maltratados.[5]
- En 51.4% de los hogares hay gritos semanalmente.[6]
- Uno de cada cinco adultos señala que no hay muestras de cariño en su hogar.[7]
- Los mexicanos comienzan a pagar «mordidas» a los doce años para sobornar profesores.[8]
- La probabilidad de que un mexicano al morir haya pagado cuando menos un soborno es 87%.[9]
- 12% del PIB nacional se pierde en actos de corrupción. Con este monto se podrían cubrir 100% de las necesidades sanitarias de la población mexicana.[10]

Por eso me atrevo a sugerir que esta sea una actividad adicional para abrir puertas, acortar caminos y acelerar procesos en la transformación de nuestras vidas, de nuestras familias y de la sociedad; además creo que es una enorme responsabilidad de todos aquellos que hemos tenido la preciosa gracia de escuchar la Palabra del Señor y de compartirla, pues es ahí de donde se extraen los principios y valores universales generalmente aceptados.

Sé que hay varios sistemas o enseñanzas para compartir principios y valores de una manera secular, seguramente todos son valiosos. La efectividad de este sistema radica en pasos muy sencillos: una actividad informal, sin impartir clases, aplicando un método de autoaprendizaje guiado y en grupos pequeños, sin distraer la atención hacia otros materiales, concentrándose sólo en los principios universales y a través de un proceso, es decir, realizando pequeñas acciones de manera frecuente. El programa que hemos utilizado tiene por objetivo guiar al conocimiento y al entendimiento en las organizaciones, familias y personas sobre los principios universales y cómo aplicarlos en la vida cotidiana de manera firme y constante.

A través de esta metodología se logra una multiplicación sencilla que impacta a un porcentaje muy alto de la institución o empresa, contribuyendo a la transformación de la persona y del grupo al que pertenece.

No es suficiente conocer mucho de Cristo, debemos seguirlo por el camino. No debemos continuar predicando sólo en nuestras reuniones y descuidando los lugares en donde más se necesita, ni seguir imponiendo formas, sino hacernos al judío judío y al griego griego. No podemos vivir con una doble moral, ni tampoco con un doble ánimo.

Como cristianos debemos ser congruentes e íntegros; la congruencia se da cuando todo lo que pensamos, sentimos, decimos y hacemos tiene un mismo sentido y si está alineado a los principios de Dios cuánto mejor. Por otra parte, integridad viene de la misma raíz latina que la palabra «entero», y sugiere la totalidad de la persona, es decir que no está dividida moralmente, no es una persona y otra diferente ante diversas circunstancias. Una persona íntegra es la misma en privado y en público.

Esta falta de principios en lo cotidiano de la vida cristiana, así como en cualquier otra fe o creencia, es una de las razones por las que llega a haber desconfianza e inestabilidad en cuanto a los grupos o iglesias, uno de cuyos motivos es la incongruencia:

Si decimos que no tenemos pecado, nos engañamos a nosotros mismos y la verdad no está en nosotros. Si confesamos nuestros pecados, Él es fiel y justo para perdonarnos los pecados y para limpiarnos de toda maldad. Si decimos que no hemos pecado, le hacemos a Él mentiroso y su palabra no está en nosotros (1 Juan 1.8–10).

Hemos invitado a líderes y pastores a recomendarnos a alguna persona para ocupar una posición y no siempre hemos obtenido el resultado esperado. A pesar de que insistimos en que además de la actitud (carácter correcto), se requiere también la aptitud (capacidad, conocimiento y experiencia), nos han llegado a recomendar al pariente o al amigo sin ninguna experiencia, ni estudios, nada más parecido al «dedazo» o «hueso» del que tanto nos quejamos.

Aprovecho el espacio para comentar con la firme intención de que aprendamos a no conformarnos a este siglo, a ser verdaderamente diferentes y yo diría mejores que los que no conocen las enseñanzas de Jesús. En varias ocasiones se nos ha solicitado el clásico compadrazgo: «Écheme una manita hermano»; «Si me ayuda con una recomendacioncita, lo apoyo a usted y no a mi iglesia o grupo»; «Mire, haga esa llamada, yo sabré recompensarle»; pues sí, como en el mundo. Seamos hacedores y no sólo «oidores» de la Palabra del Señor.

Alguna vez escuché que en una secretaría federal, estaban solicitando tratar con cristianos porque son más éticos; eso me motivó porque es un verdadero testimonio, que trasciende las palabras y ocupa un lugar en el terreno de los hechos; eso es salar la tierra, eso es ser luz en la oscuridad, eso es llevar los principios y valores bíblicos al mundo y reflejar que **sí** se puede vivir de una manera diferente, que vale la pena y que es voluntad de Dios para nuestras vidas. Sabemos que aquel que todo lo sabe, que todo lo puede y que está en todas partes, se complace en nuestra obediencia y en que encontremos la paz que sobrepasa todo entendimiento. El Señor extiende sus lazos de amor al hacer atractiva la prosperidad que se apareja a la obediencia, recordemos que ese testimonio es lo que abre puertas, acorta caminos y acelera procesos.

SERVICIO

En cuanto al tema de servir es majestuoso el ejemplo que tenemos en el mismo Señor Jesucristo, aquel que no consideró el ser igual a Dios como algo a qué aferrarse, sino que se despojó a sí mismo, tomando forma de **siervo**, hecho a semejanza de los hombres. Esta calidad de siervo la toma porque su propósito fue, precisamente, servir. No sólo vino a salvar a la humanidad sino a servirla y darnos ejemplo de ello. En su grandeza hay humildad. En su poder hay sencillez. En su autoridad hay amor. El Señor Jesucristo no vino a ser servido, sino a servir y a dar su vida en rescate por muchos y la manera en que sirvió y lo sigue haciendo hoy en día, afecta mi vida.

Eso me lleva a reflexionar en un personaje bíblico, Bartimeo, aquel ciego que tuvo un maravilloso encuentro con el Señor; él, después de recobrar la vista, tomó una decisión trascendente que, en lo personal, me ha impactado de forma tan especial, que ha sido como el motor que me ha impulsado a ser valiente y a esforzarme para no temer ni desmayar, para no apartarme ni a diestra ni a siniestra, para meditar día y noche en su Palabra, buscando ser prosperado en todo lo que emprenda.

Bartimeo decidió seguir a Jesús por el camino, encontró en ello dignidad y aceptación, esa decisión le llevó «a imitarlo, a hacer lo que Él hacía, decir lo que Él decía… ser uno con Él»;[11] por ello, reiteradamente me pregunto: ¿qué es seguir a Jesús?, ¿cómo andaré junto con Él si no estamos de acuerdo?, ¿cómo mantendremos Rosi y yo con mi Señor un cordón de tres dobleces que no se rompa (Eclesiastés 4.12)? ¿Cómo lograr que el Señor mi Dios esté conmigo a dondequiera que vaya?

Cuando en Antioquía se les llamó a los discípulos por primera vez cristianos, era porque se parecían a Jesús, porque hablaron lo que Él habló, porque hicieron las cosas que Él hizo, porque dieron buenas nuevas a los pobres, sanaron a los quebrantados de corazón, pregonaron libertad a los cautivos, en su nombre dieron vista a los ciegos, liberaron a los oprimidos y predicaron el año agradable del Señor.

Estoy seguro de que entre una y otra de esas actividades, daban de comer al hambriento, de beber al sediento, cubrieron al desnudo, visitaron al que estaba en la cárcel. En una palabra, **sirvieron** como el Señor Jesucristo lo hizo.

Hoy nuestra responsabilidad como cristianos sigue siendo la misma de aquellos discípulos que dieron sus vidas por su Dios y Señor.

Sólo añadiría que es la misma responsabilidad, pero un trabajo miles de veces mayor, si bien también somos muchos más creyentes que en esa época;[12] el mal ha avanzado demasiado, en especial los últimos años; asimismo, los adelantos tecnológicos y los medios masivos de comunicación tristemente han sido usados mucho más por el mal que por los creyentes.

Actualmente, el servicio que damos a otros es a través de estructuras en su mayoría eclesiásticas u organizacionales en las asociaciones civiles dedicadas a servir al Señor. Desde luego que cumplen su cometido ya que le dan orden al trabajo que realizamos, pero pienso que el reto es mucho mayor. Actualmente, el pueblo cristiano representa tan solo un pequeño porcentaje de la población total del país, de modo tal que nos falta mucho para transformar a la nación.

Cada vez que considero estos temas vienen a mi mente las palabras del Señor cuando en Mateo 25.44–45 nos dice:

> Entonces ellos también responderán, diciendo: «Señor, ¿cuándo te vimos hambriento, o sediento, o como forastero, o desnudo, o enfermo, o en la cárcel, y no te servimos?» Él entonces les responderá, diciendo: «En verdad os digo que en cuanto no lo hicisteis a uno de los más pequeños de éstos, tampoco a mí lo hicisteis».

Cómo aprecio a esas congregaciones o grupos que realizan campañas de salud, que hacen viajes de misiones con sus jóvenes, que tienen comedores para los indigentes, para los más pobres y vulnerables; aprecio a aquellos que sirven a los niños de la calle, a quienes hacen grandes esfuerzos por rehabilitar drogadictos y alcohólicos, valoro a quienes trabajan en cárceles con los presos y sus familias, a quienes hacen un precioso trabajo contra la trata de personas, atendiendo migrantes, rescatando niñas y niños de la explotación sexual comercial infantil. Hay quienes atienden a las sexoservidoras con un esfuerzo arduo en lo físico, emocional y espiritual, con la intención de insertarlas a una vida social y laboral digna, con un trabajo adecuado.

A todos ustedes, nuestro reconocimiento, ustedes se parecen a Jesús y cuando muchos imitemos su entrega, su pasión y su intención de servir, México será transformado.

Me parece importante comentar que muchos necesitamos ampliar nuestra visión para ver y creer que en las manos de Dios podemos lograr grandes hazañas, que el tiempo es corto y apremia, que no es suficiente realizar un par de actividades en las reuniones dominicales.

Dios quiere y puede multiplicarnos los talentos, hacer que el tiempo rinda como si fueran treinta y seis o cuarenta y ocho horas para cada día, darnos la sabiduría y la inteligencia espiritual que se requiera y, desde luego, darnos la fuerza del águila y del búfalo. Estoy seguro de que el Señor tiene mejores ideas y proyectos que pasar horas viendo televisión o chateando en Internet todos los días hasta que Él venga.

La vida en Cristo es apasionante y aunque implica la responsabilidad de obedecerle, no es una carga pesada si descansamos en sus manos, Él nos guía, nos fortalece y nos respalda. La clave está en seguir renovando mi entendimiento y continuar siendo lavado por su Palabra en una estrecha y frecuente relación con Él. La vida con Jesucristo es una aventura, intensa y emocionante, porque en tanto yo hago lo posible por cumplir su propósito para mi vida, Él va al frente, abriendo puertas, sosteniéndome y haciendo lo imposible.

Si todos ganáramos cada mes una persona para Cristo, durante los siguientes siete meses, la nación entera sería transformada, en ese plazo tan pequeño; es indudable que los números son demasiado simples y fáciles de lograr aritméticamente hablando. Claro que implica un cambio en nuestra actitud, debemos pasar del juicio fariseo de algunos, a la humildad amorosa de Jesucristo; debemos dejar de discutir si nuestra fe o religión es mejor que la de otros, y mostrar que lo que dice la Biblia es verdad, aplicándola a mi propia vida primero.

Debemos decidirnos a servir al Señor a tiempo completo, esto no implica dedicarnos sólo al estudio de las Escrituras durante diez horas diarias, ni dejar empleo, empresa o estudios, para irme a la sierra de no sé dónde a vivir en una casa de lámina o cartón.

Servir al Señor a tiempo completo, es posible en cualquier lugar y actividad. Cuando llevo a la práctica sus principios, entonces no tengo que manifestar que soy cristiano, ni defender mi fe; la congruencia e integridad deben hacer que nos escuchen y valoren. Pienso que a esto es a lo que se refiere la Palabra cuando menciona que el campo es el mundo. Quizá sólo ha hecho falta el compromiso y una respuesta responsable a tanto amor derramado por nuestro Rey y Salvador.

Estoy convencido de que en este tiempo para México viene un avivamiento y pienso que tiene que ver con que las personas que no conocen al Señor buscarán ayuda, que se cobijarán en el amor y el servicio de los cristianos.

Recordemos que el campo en donde debemos sembrar la buena semilla es el mundo, eso implica contrarrestar la cizaña, lo que significa exponernos y ya no resguardarnos, darnos a conocer aunque a muchos no les guste y nos ataquen; creo con firmeza que es tiempo de sacar la cabeza y conquistar. Servir a los demás es servir al Señor.

Y el Señor dijo: ¿Quién es, pues, el mayordomo fiel y prudente a quien su señor pondrá sobre sus siervos para que a su tiempo les dé sus raciones? Dichoso aquel siervo a quien, cuando su señor venga, lo encuentre haciendo así. De verdad os digo que lo pondrá sobre todos sus bienes (Lucas 12.42–44).

Algún día estaremos ante su presencia, Rosi y yo soñamos poder llevarle y poner ante sus pies, todas las coronas posibles, entendiendo que esas coronas representarán, no éxitos económicos, no cargos alcanzados, no primeras planas ni ocho columnas en los periódicos, no edificios para auditorios o templos, no prestigios denominacionales o de grupo, no el reconocimiento de hermanos en la fe; las coronas son lo que más le interesa al Señor, personas que hayan decidido y confesado con su boca a Jesucristo como Señor y Salvador. El costo de tener que resistir cuando dicen toda clase de males contra nosotros, mintiendo, de seguir adelante cuando sufrimos persecución es tan poco, comparado con el gozo total de estar en su presencia y agradarle, mostrándole nuestra adoración con hechos y no únicamente con palabras.

> Y cada vez que los seres vivientes dan gloria, honor y acción de gracias al que está sentado en el trono, al que vive por los siglos de los siglos, los veinticuatro ancianos se postran delante del que está sentado en el trono, y adoran al que vive por los siglos de los siglos, y echan sus coronas delante del trono, diciendo: Digno eres, Señor y Dios nuestro, de recibir la gloria y el honor y el poder, porque tú creaste todas las cosas, y por tu voluntad existen y fueron creadas (Apocalipsis 4.9–11).

3

Ciudadanía y participación social

DIGNIDAD Y DERECHOS

Qué bendición ha sido para mí comprender el concepto de autoridad de Dios, no sólo en mi relación con el Señor, sino en todo tipo de autoridad; he aprendido que cuando hablamos de autoridades gubernamentales, el concepto de obediencia es el mismo que cuando se trata de autoridad en la familia o en las organizaciones o instituciones, en donde tampoco debemos reaccionar mal, ni con ira, ni con faltas de respeto (recordemos que la blanda respuesta aplaca la ira). Pero en ese caso el concepto de justicia tiene su fundamento exclusivamente en las normas jurídicas, reglamentos, circulares, estatutos o leyes.

Así que los cristianos no podemos, ni debemos seguir agachando la cabeza, nosotros también somos individuos con derechos; sucede que hemos confundido en ocasiones rebeldía con confrontación, y brincamos de lo correcto a lo opuesto, que raya en equivocarnos y permitir que nos agredan, nos falten al respeto o aun en casos extremos como sucede todavía en algunos lugares como Chiapas, nos despojen de nuestras tierras o hasta nos golpeen e incluso nos maten. Rebeldía es no obedecer a las autoridades, pero confrontación es un principio de Dios que nos manda no callar frente a la injusticia, la corrupción o la mentira.

La autoridad gubernamental tiene que regir con la ley en la mano y tenemos que enfatizar que no somos ciudadanos de segunda, que los derechos no son dádivas generosas o graciosas concesiones de nadie, los derechos son eso, derechos y por lo tanto son exigibles e irrenunciables.

Me parece importante aclarar que no estoy hablando ni de soberbia ni de orgullo, sino de dignidad, de reconocer que la ley también es para proteger a los cristianos como a cualquier otro ciudadano, es un tema de igualdad, es una cuestión de garantías individuales que nos otorga la Constitución Política de los Estados Unidos Mexicanos a todos los ciudadanos mexicanos.

La enseñanza es clara en la Palabra, Romanos 13.1–7 dice así:

Sométase toda persona a las autoridades que gobiernan; porque no hay autoridad sino de Dios, y las que existen, por Dios son constituidas. Por consiguiente, el que resiste a la autoridad, a lo ordenado por Dios se ha opuesto; y los que se han opuesto, sobre sí recibirán condenación. Porque los gobernantes no son motivo de temor para los de buena conducta, sino para el que hace el mal. ¿Deseas, pues, no temer a la autoridad? Haz lo bueno y tendrás elogios de ella, pues es para ti un ministro de Dios para bien. Pero si haces lo malo, teme; porque no en vano lleva la espada, pues ministro es de Dios, un vengador que castiga al que práctica lo malo. Por tanto, es necesario someterse, no sólo por razón del castigo, sino también por causa de la conciencia. Pues por esto también pagáis impuestos, porque los gobernantes son servidores de Dios, dedicados precisamente a esto. Pagad a todos lo que debáis; al que impuesto, impuesto; al que tributo, tributo; al que temor, temor; al que honor, honor.

Resistir a la autoridad en el contexto de este versículo es desobedecer la ley, lo cual no solo es desobediencia a Dios y su Palabra, sino que también se tipifica como un delito, pero aquí no se refiere a obedecer, ni al capricho, ni al humor o disposición de la autoridad, sino a las leyes que la autoridad considera que hemos infringido, por eso menciona Pablo que si no quebrantamos ninguna ley u ordenamiento, no tenemos por qué albergar ningún temor, incluso podemos llegar a recibir algún reconocimiento por cumplir con la ley.

Por otra parte, mencionan estos versículos un tema por demás interesante, la autoridad es un ministro de Dios, es decir está sirviendo al propósito de Dios de hacer justicia, la pregunta es obvia y adecuada en el contexto de la intención de este libro: ¿qué tipo de personas consideras más adecuadas para ocupar esas posiciones de autoridad, a las cuales Dios les llama ministros y servidores de Dios?

Yo en lo personal me siento más cómodo, confiado y seguro, que quien ejerza autoridad sobre mi vida, quien defina si mis actividades son legales o no, quien me llame a cuentas de parte de Dios en los temas jurídicos y de derecho, sean precisamente personas con temor de Dios, comprometidas con Dios, personas en quienes veamos un testimonio de verdad y principios en su vida personal y familiar.

Personas que difícilmente se prestarían a corruptelas y actos ilícitos en la aplicación de la ley, y vale la pena aclarar que no son sólo los jueces, magistrados o ministros, los que tienen la atribución de aplicar la ley, sino todo empleado y funcionario de gobierno en sus tres niveles, federal, estatal o municipal. Todos ellos tienen que ejercer su nombramiento en estricto cumplimiento a la normatividad vigente según sea cada caso, desde luego todas las leyes aplicables y aun los acuerdos en las juntas de gobierno, consejos ciudadanos y los diversos comités que se llevan a cabo, tienen también la investidura y representan un ordenamiento jurídico.

Así que, sometámonos a nuestras autoridades obedeciendo las leyes, paguemos nuestros impuestos, tributos, temor y honra, pero exijamos también nuestros derechos. Ya que hemos mencionado en múltiples ocasiones nuestros derechos, me parece útil y práctico, plasmar un resumen de las garantías individuales que son nuestros derechos más básicos.

La Constitución mexicana consigna las garantías individuales y se reconocen derechos y libertades sociales:

- Derecho a la libertad, aboliendo la esclavitud y otorgando libertad a cualquier individuo dentro del territorio nacional.
- Derecho a la libre expresión, asociación y tránsito, libertades esenciales de la nación mexicana.
- Derecho a la educación, siendo esta otorgada por el Estado de manera laica y gratuita.
- Derecho a la posesión de armas de fuego para seguridad y legítima defensa.
- Derecho de huelga y organización de los trabajadores en sindicatos.
- Derecho a la libre profesión de cultos.
- Jornada máxima de ocho horas de trabajo.
- Derecho al trabajo digno y socialmente útil.
- Derecho a la seguridad social.
- Derecho de propiedad.

FAMILIA

El tema de la familia me parece también muy importante a considerar, primero porque es la familia lo que más nos importa después de nuestra relación con el Señor, en segundo lugar porque la familia es nuestro mejor legado, lo que decidamos hacer en la vida cada uno en lo personal y lo que como cristianos decidamos hacer por nuestra nación, trasciende de muchas maneras a nuestros hijos y nietos, a través de ellos hasta mil generaciones.

Trasciende en que vivirán en el país que formemos y les dejemos. Si es el tema de la seguridad, de la salud, la educación o la ecología, etcétera, todo ello va a afectar para bien si hacemos todo nuestro trabajo o para mal si nos descuidamos.

Trasciende en que ellos deben participar en la formación de esa nación que queremos y en que a su vez nuestros hijos y nietos deberán mantener lo que hagamos por nuestro país y seguir luchando por lograr el México seguro, el México justo, el México próspero, el México limpio y el México democrático que debemos tener y en el que los cristianos unidos haremos la diferencia al colaborar, participar, activar y obtener, junto con muchos otros ciudadanos de otras ideologías, filosofías o creencias, porque ni podemos lograrlo solos, ni lo haremos sólo para nosotros. Nuestra participación sí tiene que ser contundente y muy significativa, pero también incluyente; el Señor vino a servir a todos sin excepción ni discriminación alguna. Esa nación con la que muchos soñamos es el mejor legado que podremos dejar a los que más amamos.

Cualquier tipo de violencia, gran parte de los delitos y la falta de principios y valores tienen su origen mayormente en el seno familiar. La desintegración, la falta de amor y de conciencia ciudadana, se gestan en las decisiones que tomamos, en especial las de los padres en el núcleo de la familia.

Cuando leo en la Palabra, ¿de qué sirve ganar el mundo entero si pierdo mi alma?, pienso que casi dice también si pierdo a mi familia, el asunto aquí, antes que nada es ¿qué testimonio estoy dando hacia dentro de mi propia familia?

Si no estoy ganando su confianza porque me vean cambiando, porque constaten que lo que hago, les deja oír lo que les digo. Si se dan cuenta que como padre de familia tengo las mismas luchas que ellos por obedecer la Palabra de Dios y ser un hacedor y no tan solo un «oidor», si saben si mi fe es viva y eficaz por cómo me comporto con ellos en la casa y qué cosas hago fuera de casa y qué testimonio escuchan de los de afuera respecto a mi manera de vivir, y no tengo amor vengo a ser como címbalo que retiñe.

Sé que el tono de esta reflexión puede parecer fuerte, pero primeramente me estoy hablando a mí mismo y, en verdad, estoy tan convencido que si logro que el Señor cambie mi corazón, por mi obediencia y sumisión a su Palabra, de tal manera que sea de bendición a mi esposa y a mis hijos antes que ningún otro logro o éxito, estaré avanzando en la transformación de mi entorno y mi contexto y así cumpliré mi parte en la transformación de mi nación.

Por lo demás, hermanos, os rogamos, pues, y os exhortamos en el Señor Jesús, que como habéis recibido de nosotros instrucciones acerca de la manera en que debéis andar y agradar a Dios (como de hecho ya andáis), así abundéis en ello más y más. Pues sabéis qué preceptos os dimos por autoridad del Señor Jesús. Porque esta es la voluntad de Dios: vuestra santificación; es decir, que os abstengáis de inmoralidad sexual; que cada uno de vosotros sepa cómo poseer su propio vaso en santificación y honor, no en pasión de concupiscencia, como los gentiles que no conocen a Dios; y que nadie peque y defraude a su hermano en este asunto, porque el Señor es el vengador en todas estas cosas, como también antes os lo dijimos y advertimos solemnemente. Porque Dios no nos ha llamado a impureza, sino a santificación. Por consiguiente, el que rechaza esto no rechaza a hombre, sino al Dios que os da su Espíritu Santo. Mas en cuanto al amor fraternal, no tenéis necesidad de que nadie os escriba, porque vosotros mismos habéis sido enseñados por Dios a amaros unos a otros; porque en verdad lo practicáis con todos los hermanos que están en toda Macedonia. Pero os instamos, hermanos, a que abundéis en ello más y más, y a que tengáis por vuestra ambición el llevar una vida tranquila, y os ocupéis en vuestros propios asuntos y trabajéis con vuestras manos, tal como os hemos mandado; a fin de que os conduzcáis honradamente para con los de afuera, y no tengáis necesidad de nada (1 Tesalonicenses 4.1–12).

Lo primero que los hijos aprenden de las autoridades, en cuanto a cómo responderles, cómo apoyarlas y cómo respetarlas, es la manera en que nosotros mismos ejercemos la autoridad con ellos en casa, la que muy probablemente ejerzan en sus propios hogares cuando los formen, de la misma manera en que tú lo haces con ellos.

La otra parte también muy importante, es que de la forma en que nosotros tratamos y nos expresamos de las autoridades, así lo harán. No permitas que tus hijos te escuchen hablar mal de las autoridades, ni de las autoridades en tu trabajo o escuela, ni de las autoridades de tu congregación, y tampoco de las autoridades del gobierno, el ejército, la marina o la policía. Existen diversos estereotipos o costumbres que dañan mucho la formación de nuestros hijos en cuanto a la calidad de ciudadanos respetables y activos, son frases que se dicen fácil, que queriendo o no, van formando cultura y una actitud que daña, aunque a veces nos parecen hasta simpáticas, por ejemplo:

- Todos los policías son ladrones.
- Les tengo más miedo a los policías que a los asaltantes.
- Todos los políticos son corruptos.
- Si nadie obedece la ley, ¿por qué yo habría de hacerlo?
- Todos los impuestos se los roban.

Si cosas como esas fueran ciertas, a todos ya nos habrían asaltado, la mitad de la población ya hubiera sido asesinada por la otra mitad, no habría ni energía eléctrica, ni sistema de agua potable, ni hospitales y escuelas públicos, ni nada, nos asaltarían un día y al otro también; dependiendo de a qué mitad de la población pertenecieras, así viviríamos, peor que en la época del viejo oeste. Si nuestros hijos nos oyen decir cosas así, no estamos formando ciudadanos responsables, sino batichicas, rambos y avispones verdes para el caso de que nuestras declaraciones se cumplan por el caos en el que viviríamos. Bueno, creo que hasta deberíamos evitar las bromas y chistes del gobierno y las autoridades.

No podemos sólo hablar de valores, tenemos que vivirlos, no podemos únicamente educar a nuestros hijos para que sean respetuosos y estudiosos y que asistan a la iglesia o al grupo cristiano los domingos, sino además debemos hacer de ellos buenos ciudadanos, no sólo buenos hijos, personas con conciencia cívica y participativa, con un futuro profesional y económico, sí, pero también con un concepto profundo de la responsabilidad social, siendo esta considerada como la responsabilidad que tenemos todos de aportar, participar y regresar a la sociedad en su conjunto algo de lo mucho que nos da en servicios, en seguridad, en salud, en oportunidades para estudiar y trabajar, en la posibilidad de comprar y vender, del acceso a la cultura y al entretenimiento, a la libertad de asociación, etcétera.

Formemos hoy, primeramente con el ejemplo, a los ciudadanos del mañana que respeten las leyes, que cuiden y bendigan a su familia, que generen recursos productivos, que hagan el bien a su alrededor y aprendan a decir con valor que la diferencia en la congruencia que viven, se debe a la enseñanza y la aplicación cotidiana de los principios y valores que emanan de la Palabra de Dios, que es luz a nuestros pies y lumbrera a nuestro camino, así de fácil o difícil como eso.

SOCIEDAD CIVIL ORGANIZADA

La influencia que hoy en día tiene la sociedad civil organizada en los ámbitos social y político es sorprendente en algunos países. En Estados Unidos por ejemplo, se estima que hay dos millones de organizaciones civiles y no gubernamentales que emplean a más de once millones de personas (8% del total de la fuerza laboral) y cuentan con apoyo de un gran número (seis millones) de voluntarios sin remuneración.[1]

Las donaciones a Organizaciones No Gubernamentales y caritativas en Estados Unidos alcanzaron un estimado de US$290.89 billones de dólares en 2010, lo cual representa 2% del Producto Interno Bruto (PIB) nacional. Durante más de 50 años, el sector de organizaciones religiosas o congregaciones ha recibido de manera constante un aproximado del 35% del total de las donaciones; en 2010 la captación fue de US$100.63 billones de dólares.[2]

Esta mención es sólo para mostrar lo importante que puede llegar a ser la influencia por la participación organizada de la sociedad civil, hoy conocida como el tercer sector, considerando al gobierno y a la iniciativa privada como el primero y segundo, respectivamente.

Ha sido notorio para mí, que la influencia y aceptación que las organizaciones de la sociedad civil tienen en las empresas privadas y en el gobierno, va en vertiginoso aumento, pero si lo comparamos con la influencia y aceptación que tienen las asociaciones religiosas en esos ámbitos, encontramos una enorme diferencia.

Pienso que independientemente del rechazo, y al menos la actitud fría que, por no ser católicos, sufrimos los cristianos todavía en algunos lugares, las representaciones de la ciudadanía son mucho más fácilmente aceptadas y apoyadas.

Desde luego, el ámbito de competencia por sí mismo lo permite o provoca, pero hay una conciencia generalizada en el gobierno en sus tres niveles que necesitan el apoyo y participación de la sociedad civil.

Del mismo modo las empresas privadas, además de que pueden obtener un recibo deducible de impuestos por los donativos que otorguen a las asociaciones civiles o instituciones de asistencia privada, autorizadas como donatarias por la Secretaría de Hacienda, ven como una interesante opción, a las organizaciones de la sociedad civil para cumplir su misión de responsabilidad social. Así que recomendamos ampliamente estudiar esas figuras jurídicas con la posibilidad de constituir este tipo de instituciones para el apoyo social que puedan estar ofreciendo desde sus organizaciones.

Por otro lado, nos parece valioso sugerir, revisar si la constitución como asociación religiosa es lo más conveniente para sus iglesias, grupos o denominaciones. Me permito hacerlo porque en mi entender, la ventaja importante que ofrece la AR en el manejo de las finanzas es considerable, sin embargo, por la pérdida de algunas libertades, en lo personal me parece digno de revaluar la decisión. Insistiría en que no existe una obligación para constituirse como AR en que hay otras opciones válidas y a menudo con ventajas importantes. Una de ellas es la asociación civil (AC), por cierto, la nuestra la constituimos en 1995, y hace muchos más años de los cinco que llevamos en el servicio público.

ANÁLISIS COMPARATIVO ENTRE
ASOCIACIÓN CIVIL Y ASOCIACIÓN RELIGIOSA

Asociación civil	Asociación religiosa
Cuando varios individuos convienen en reunirse, de manera que no sea enteramente transitoria para realizar un fin común que no está prohibido por la ley y que no tenga carácter preponderantemente económico.	La agrupación religiosa tiene la posibilidad de adquirir el reconocimiento de su personalidad jurídica propia como asociación religiosa, una vez que obtenga el debido registro.
No persigue fines lucrativos.	No persigue fines lucrativos.
Su creación es mediante escritura constitutiva ante notario público y se inscribe en el Registro Público de la Propiedad y del Comercio.	Para que exista jurídicamente una asociación religiosa debe obtener su registro constitutivo ante la Secretaría de Gobernación.
Tienen objeto social.	Se regirá propiamente por sus estatutos, los que tendrán las bases fundamentales de su doctrina o cuerpo, creencias religiosas y determinarán a sus representantes.
Máximo órgano: Asamblea general y el director o directores de esta.	
Tiene apoderados.	
Está conformada por asociados.	Las asociaciones religiosas registran a sus ministros de culto; para ser ministro de culto es requisito indispensable pertenecer a una asociación religiosa.
Pagan impuestos como el impuesto de valor agregado (IVA), impuestos al activo, impuesto por adquisición de inmuebles, etcétera.	
	Excepcionalmente pagan impuestos.
Si puede hacer proselitismo político.	No pueden hacer proselitismo político.
Sus asociados pueden votar y ser votados.	Los ministros de culto pueden votar, mas no pueden ser votados, ya que se deben de separar con cinco años de anticipación de la AR.

Algunas organizaciones han optado por tener ambos tipos de asociaciones por convenir así a sus propósitos. En la reforma de 1992 a la Ley de Asociaciones Religiosas y Culto Público se menciona lo siguiente:

De conformidad con el texto del artículo 130 constitucional, vigente a partir del 28 de enero de 1992, las iglesias y demás agrupaciones religiosas tienen la posibilidad de adquirir el reconocimiento de su personalidad jurídica como asociaciones religiosas, una vez que obtengan su correspondiente registro.

Para tal efecto, la disposición constitucional, remite a la ley reglamentaria (Ley de Asociaciones Religiosas y Culto Público), que rige a dichas personas morales y establece los requisitos para el registro constitutivo de las mismas.[3]

Las iglesias y las agrupaciones religiosas tendrán personalidad jurídica como asociaciones religiosas una vez que obtengan su correspondiente registro constitutivo ante la Secretaría de Gobernación, en los términos de esta ley.

Las asociaciones religiosas se regirán internamente por sus propios estatutos, los que contendrán las bases fundamentales de su doctrina o cuerpo de creencias religiosas y determinarán tanto a sus representantes como, en su caso, a los de las entidades y divisiones internas que a ellas pertenezcan.[4]

Los mismos artículos 24 y 130 de la Constitución de México mencionan:

El Congreso no puede dictar leyes que establezcan o prohíban religión alguna.[5]

Artículo 130. El principio histórico de la separación del Estado y la iglesia orienta las normas contenidas en el presente artículo. Las iglesias y demás agrupaciones religiosas se sujetarán a la ley.

Corresponde exclusivamente al Congreso de la Unión legislar en materia de culto público y de iglesias y agrupaciones religiosas...

a) Las iglesias y las agrupaciones religiosas tendrán personalidad jurídica una vez que obtengan su registro...

b) Las autoridades no intervendrán en la vida interna de las asociaciones religiosas;

c) Los mexicanos podrán ejercer el ministerio, de cualquier culto...

d) ...los ministros de culto no podrán desempeñar cargos públicos.

e) Los ministros no podrán asociarse con fines políticos ni realizar proselitismo a favor o en contra de candidato, partido o asociación política alguna.[6]

Y las limitantes son muy importantes:

Artículo 14: Los ciudadanos mexicanos que ejerzan el ministerio de cualquier culto, tienen derecho al voto en los términos de la legislación electoral aplicable. No podrán ser votados para puestos de elección popular, ni podrán desempeñar cargos públicos superiores, a menos que se separen formal, material y definitivamente de su ministerio cuando menos cinco años en el primero de los casos, y tres en el segundo, antes del día de la elección de que se trate o de la aceptación del cargo respectivo. Por lo que toca a los demás cargos, bastarán seis meses.[7]

Por cierto, y esto para acallar rumorcillos, de esos que hacen daño o al menos causan molestias, para ser ministro de culto, la ley define requisitos y no la actividad, así que uno puede creer y hablar lo que cada uno decida, porque precisamente hay libertad para ello y no se le otorga esa calidad por la predicación y mucho menos por la valoración personal de nuestras actividades, de algunos ministros de culto, o quienes se presenten a sí mismos como expertos en el tema.

Artículo 24: Todo hombre es libre para profesar la creencia religiosa que más le agrade y para practicar las ceremonias, devociones o actos del culto respectivo, siempre que no constituyan un delito o falta penados por la ley.[8]

Con la finalidad de brindar una opinión más especializada de la que yo personalmente pudiera aportar, me permito citar un texto del doctor José Luis Soberanes Fernández, tomado de la *Enciclopedia Jurídica Mexicana:*

> **Asociaciones religiosas:** Por principio de cuentas debo decir que la reforma constitucional del 28 de enero de 1992 estableció la posibilidad de que las agrupaciones religiosas tuviesen personalidad jurídica. Reforma que está reglamentada por la Ley de Asociaciones Religiosas y Culto Público del 15 de julio de 1992.
>
> La ley o el estado no reconocen o desconocen —no lo pueden hacer— a las iglesias y demás agrupaciones religiosas como tal (algunas tienen cientos de años de existir), simple y sencillamente disponen que si quienes decidan contar con personalidad jurídica en el ordenamiento mexicano, se tendrán que registrar como Asociación Religiosa; no es que tengan la obligación de hacerlo o que de no hacerlo incurran en falta, infracción administrativa o delito, sino que, si quieren que el Estado mexicano les otorgue personalidad jurídica y tengan los beneficios que establece la Ley de Asociaciones Religiosas y Culto Público del 15 de julio de 1992, se tendrán que inscribir en el registro constitutivo que se encuentra a cargo de la Dirección General de Asociaciones Religiosas de la Secretaría de Gobernación y así obtener los efectos de esa personalidad jurídica específica.
>
> Podemos decir que son dos maneras como el ordenamiento jurídico otorga personalidad jurídica a una colectividad, después de verificar la existencia previa de una agrupación determinada, que sería el caso de los partidos políticos, o certificando la constitución en ese momento de tal asociación, como por ejemplo las sociedades mercantiles. Tratándose de Asociaciones Religiosas, la ley en la materia prefirió el primer sistema.
>
> La autoridad para aplicar la Ley de Asociaciones Religiosas y Culto Público es la Secretaría de Gobernación aunque puede auxiliarse de

autoridades municipales y estatales, en los términos de los convenios que al respecto se puedan celebrar de conformidad con la propia ley. Por lo tanto, el registro constitutivo lo tiene que llevar a cabo la Secretaría de Gobernación, realizando sendos registros, de asociaciones religiosas y bienes inmuebles que las mismas posean así como los templos o locales destinados a culto público que por parte de cualquier agrupación o persona tenga.

En estricto acatamiento al derecho de libertad religiosa, el artículo sexto de la Ley de Asociaciones Religiosas y Culto Público señala que las Asociaciones Religiosas se regirán internamente por sus propios estatutos y establece cuáles son los tres elementos mínimos que deberán contener:

- Las bases fundamentales de su doctrina o cuerpo de creencias religiosas.
- La determinación de sus representantes.
- Las entidades y divisiones internas.

Ahora bien, ¿qué sucede con las agrupaciones que no cumplen con los requisitos de la ley o no quieren registrarse como Asociación Religiosa? ¿Están impedidos de realizar actos de naturaleza religiosa o actos que por ser característicos de grupos cristianos e iglesias evangélicas hay quienes los consideran religiosos? Evidentemente no, pues ello sería violar la libertad religiosa o de creencia de los individuos.

Lo que sucede es que no serán considerados dentro de la figura jurídica de las Asociaciones Religiosas, ni podrán gozar los derechos que establece la ley en la materia; sin embargo, podrán constituirse en alguna otra forma prevista por el ordenamiento jurídico mexicano, como por ejemplo una Asociación Civil en virtud de no tener un objeto ilícito.

A este aspecto, el artículo décimo de la Ley de Asociaciones Religiosas y Culto Público indica que cuando personas, iglesias y agrupaciones lleven a cabo actos religiosos sin contar con el registro de Asociación Religiosa, dichos actos se reputan realizados por las personas físicas o morales en su caso, y por lo tanto tienen las obligaciones y demás cargas de las asociaciones religiosas mas no sus derechos.

Ministro de culto: El 28 de enero de 1992 se publicó en el Diario Oficial de México la resolución que reforma diversos decretos de la Constitución General de la República en lo relativo al derecho fundamental de la libertad religiosa, Asociaciones Religiosas y ministros de culto. Posteriormente, el 15 de julio del mismo año se publicó en el Diario Oficial, la ley reglamentaria a dicha reforma, la cual lleva por título Ley de Asociaciones Religiosas y Culto Público.

En principio, cada Asociación Religiosa determina a quiénes les da ese carácter y las que no lo hagan, la ley los reputa como tales, a aquellos que ejerzan como principal ocupación las funciones de dirección, representación u organización; definición a nuestro entender, poco acertada.[9]

4

Participación en la búsqueda del bien común

RAZONES

Estamos viviendo momentos espectaculares para el cristianismo que nunca antes habíamos tenido en México. El crecimiento en los últimos diez años no tiene precedentes, la participación en todos los ámbitos de la vida social, cultural, económica y en la búsqueda del bien común es tan grande y constante que muchos volteamos los ojos al cielo y damos gracias a Dios por la grandiosa oportunidad de vivir en este país y en este tiempo. Hoy su pueblo tiene la gracia de ver el respaldo del Señor en muchas actividades y en situaciones que hace algunos años no hubiéramos podido siquiera imaginar.

Hace veintiocho años, cuando entregué mi vida a Cristo, ninguna de estas cosas sucedían... Rentar estadios y llenarlos, marchas multitudinarias por toda la nación, numerosos grupos y congregaciones de miles de personas por todos los estados, libros cristianos en aparadores y expendios seculares compitiendo con los escritores más renombrados, distribución de libros y música cristiana a altos niveles, cantautores cristianos en radio y televisión, e incluso algunos

galardonados en los Grammy, productores de cine avanzando de forma constante, artistas famosos con un testimonio coherente, empresarios de primer
nivel entregando su vida a Cristo y mucho otros desarrollándose a pasos agi-
gantados, jóvenes graduándose con maestrías y doctorados en universidades
locales y extranjeras, universidades cristianas, participación social activa de
muchas organizaciones en desastres naturales y otras necesidades, tal cual
como organizaciones cristianas, desde luego la participación en gobiernos
estatales y municipales, así como a nivel federal en el poder ejecutivo, en el
legislativo y en el judicial, no por una religión, sino por la integridad y congruencia con los principios de Dios, que sumada a la preparación, nos muestran
ciudadanos, funcionarios, empresarios, personas en todas posiciones haciendo
una diferencia real.

La participación en el servicio público es muy incipiente todavía. Se ve
entre sólo algunos senadores y diputados en la actual legislatura, conozco a un
ministro de la Suprema Corte de Justicia, no sé si haya más y varios, no muchos,
en el gobierno en sus tres niveles federal, estatal y municipal, pero los esfuerzos
en estos últimos se realizan de manera independiente.

Es en este tema justamente en el que me quiero enfocar en este
capítulo.

Es indudable que la unidad hace la fuerza y el concepto se enfatiza
cuando quien nos une, es alguien mucho más importante y trascendente
que una idea, una filosofía, un partido, una religión o una asociación política, sin embargo, creo que falta mucha más participación en el tema de la
unidad, hay trabajo que realizar, confianza que ganar y con ello, unidad que
provocar.

¿Por qué participar en el servicio público?

En primer lugar es importante reconocer qué es la política. Según el
Diccionario de la Lengua Española, el término *política* viene del griego πολιτικζ
(«ciudadano», «civil», «relativo al ordenamiento de la ciudad»), y habla de la
actividad humana referente al gobierno del Estado «para alcanzar un fin deter-
minado».[1] La política también abarca los procesos ideológicos de un grupo en
su toma de decisiones. La ciencia política, por medio del análisis político, analiza

y estudia de manera académica la conducta política. El término *política*, se usó con mucha frecuencia en Atenas a partir del siglo V antes de Cristo, hecho que en mucho se debe a la obra de Aristóteles que se titula, *Política*. Este filósofo griego llamó al ser humano un animal político. Comúnmente se habla de la política como el arte de lo posible.

Una definición similar pero mucho más sencilla y coloquial, es que la política es la búsqueda del bien común. Cabe aquí una reflexión simple pero muy trascendente: si fueras parte de un equipo de futbol y tuvieran que nombrar un director del equipo para representarlos ante la federación nacional, ¿estarías de acuerdo, tranquilo y satisfecho que esa persona, fuera del equipo contrario con quienes disputarán la copa del torneo? O ¿alguien de otra federación que ni los conoce? O peor aun ¿algún extranjero que no sepa de futbol? Desde luego que yo no, el símil es real, ¿qué tipo de personas quieres que te gobiernen y representen? ¿Algunos de tu equipo? Es decir, personas que tengan los mismos intereses que tú, que hayan sido formados con los mismos principios que tú, que tengan temor de Dios, como tú.

Estoy seguro que coincidimos en ello y quizá sólo nos gustaría que tuvieran el conocimiento y la experiencia. Dicho de otro modo, que cuente además de la actitud, con la aptitud, razón por la cual debemos motivar a todas las personas a nuestro rededor que continúen preparándose o vuelvan a estudiar.

Así que no podemos seguir haciéndonos a un lado y dejarla pasar, debemos tomar la responsabilidad, recordemos que se nos dio en la Palabra la instrucción clara de llenar la tierra y sojuzgadla y ahí habla de dominio, pero también de responsabilidad; habla de representación, no de soberbia; es una guía para poner orden en todas las cosas, para Dios y sus propósitos. Desde luego que esta es una instrucción para la humanidad entera, pero claro es que al apartarse de Dios y sus principios, muchos ya no cuentan con el respaldo del poder de Dios, ni la autoridad en su nombre, sin embargo la orden no ha cambiado y considero que hoy sigue siendo una atribución de cualquier persona que decida pertenecer al pueblo de Dios a través del Señor Jesucristo.

He visto aun con angustia y mucha tristeza que hemos rendido los conceptos de dominio y de sojuzgar, en lugar de participar y tomar la posición que nos corresponde por instrucción bíblica, permitimos que los del «otro equipo» hagan el trabajo, y nuestra participación en el servicio público la hemos limitado a que, a cambio de unos bultos de cemento y unas láminas para el techo, o a cambio de la promesa de un terrenito para el templo, o el compromiso de arreglar el alumbrado público o la banqueta en la cuadra donde nos ubicamos, o peor aun, el hecho de recibir unas despensas y hasta unas sillas cuando tal o cual candidato entre en funciones, por lo cual le daremos nuestros votos. Por cierto, son promesas en ambos lados, que casi nunca se cumplen.

No podemos trasladar tan grande responsabilidad, ni permitir que siga sucediendo que personas inmorales (no todos los no cristianos lo son) o personas sin escrúpulos (no todos los no creyentes son así) o líderes o funcionarios que anteponen sus intereses mezquinos a los intereses de la comunidad (no todos los que tienen creencias diferentes lo hacen), sean quienes nos gobiernen.

Más claro aún, ¿cómo una persona sin principios y sin valores puede sojuzgar la tierra en representación del Señor? O ¿cómo puede ser llamado servidor de Dios si no le conoce o no cree en Él? ¿Con qué principios va a gobernarnos? ¿Cómo podrá castigar al que hace lo malo, si no cree en eso? ¿Cómo podrá aplicar la justicia si no la respeta? Y ¿cómo podrá gobernar por el bien común si desprecia en lo que creemos?

Ya es tiempo de votar por las personas y no por partidos, no tiene que ser cristiano para ser una persona moral, de rectitud y de principios, pero tenemos que saber si lo es, sin dudarlo, observar a su familia, conocer su prestigio, mirarle a los ojos y, especialmente, buscar al Señor para estar seguros de apoyar a algún candidato con nuestro voto. Es el *kairos* para participar activamente siendo responsables con el llamado.

Mi esposa siempre les dice a los candidatos: «Ya sé que me vas a dar un buen discurso, pero quiero conocer a tu esposa», desde luego en el caso de los candidatos varones (por cierto, cuánta falta hace tener más candidatas) y entonces le pide que comamos o cenemos los dos matrimonios, con la intención de conocer si ese hombre ha sido capaz de hacer feliz a su familia y preocuparse por sus necesidades, pues de la misma manera se ocupará de las necesidades del pueblo al que pretende gobernar. Si le es fiel a su esposa, será fiel a quienes voten por él y cumplirá sus promesas de campaña. Algún descarado nos ha dicho: «Bueno, es que yo prefiero hacer feliz a varias mujeres», ¿votarías por alguien así?

Cuando vayamos a votar para elegir a un candidato a una posición pública, cuando evaluemos el trabajo de nuestros legisladores, gobernantes y servidores, debemos guiarnos por su integridad y sus resultados, no por si son de un partido o de otro, de una creencia ideológica o religiosa o de otra. Y si no coinciden actitud y aptitud, entonces nuestro deber es buscar que quienes no lo son, aun sean destituidos, como el cuento popular de la tortuga:

Si ves una tortuga arriba de un poste de alumbrado haciendo equilibrio, ¿qué se te ocurre?

Primero: No entenderás cómo llegó ahí.

Segundo: No podrás creer que esté ahí.

Tercero: Sabrás que no pudo haber subido solita ahí.

Cuarto: Estarás seguro que no debería estar ahí.

Quinto: Sabrás que no va a hacer nada útil mientras esté ahí.

Entonces lo único sensato sería ayudarla a bajar.

MOTIVACIONES

Qué hermosos recuerdos tengo de mis primeros años en el cristianismo, nos conquistó el amor de Cristo a través de muchas personas, aprendimos mucho y de muchas situaciones, conocimos a personas preciosas y nos dieron demasiado. Gracias a Héctor y Rosi Martínez, gracias a Carlos y Tere Rodríguez, gracias a Arturo y Susy Gómez, gracias a Doug y Marylin Stewart, gracias a Benjamín y Lucero Rivera, gracias a los doctores Pardillo, gracias a César y Claudia Castellanos, gracias a Carlos y Norma Ortiz y tantos y tantos amigos después de ustedes. Lo que ustedes sembraron está dando fruto, su ejemplo y sus enseñanzas, su paciencia y su amor, nos han estado formando durante estos veintiocho años y hoy nos permiten enfrentar los grandes retos de participar activamente en el servicio público, en el sector social, en el empresarial y desde luego en el servicio que nuestra asociación civil proporciona.

Y en todo lo anterior, la enseñanza que nos dieron sobre la bendita Palabra de Dios, nos ayuda a buscar fortaleza en el Señor, que con frecuencia contesta a nuestro clamor diciendo: «Te basta mi gracia, pues mi poder se perfecciona en la debilidad» (2 Corintios 12.9). Así que no claudicaremos, ni en obedecerla, ni en compartirla, gracias por siempre, gracias.

Desde luego la Palabra me sigue confrontando fuertemente, pero con tanta dulzura que me sigue doblegando. Al mismo tiempo hoy más que nunca y quizá otro poco cada día, pero nos enamoramos más y más del Señor, que nos atrae y convence con lazos de amor para seguir adelante. Creemos que en la obra de Dios siempre estamos iniciando, siempre estamos aprendiendo y que a pesar de nuestras fallas, debilidades y luchas constantes, el primer día de nuestras vidas es hoy y así cada mañana al ver su nueva misericordia.

Tenemos esa certeza de lo que se espera y esa convicción de lo que no vemos, de que Dios está apenas empezando con nosotros, pues lo que Él quiere hacer, el tamaño de su propósito para habernos creado a todos y cada uno de los que le servimos en todo el país es tan grande, que ni siquiera lo imaginamos, es tan imposible para nosotros, que Él tiene que hacerlo todo y nosotros sólo procurar estorbarle poco.

Aprovecho este espacio para enviar un mensaje respetuoso para cada pastor, líder o director; Rosi y yo creemos que Dios quiere, cree y puede darnos a todos la misma oportunidad, sí, en distintas trincheras, con visiones diferentes, pero en una participación complementaria, porque todos somos su cuerpo y cada parte es tan valiosa y necesaria como cualquier otra; asimismo, respaldarnos a todos por igual con su poder y autoridad para lograrlo. Su propósito para cada uno es igual de imposible, igual de maravilloso e igual de gigantesco. Así es Dios.

Haciendo la muy pertinente, prudente y obvia aclaración de que nunca lo escuché, ni desde púlpito o pódium alguno, tampoco me lo enseñaron en ninguno de los cuatro institutos bíblicos o centros de capacitación en los que estudié, no sé si lo vi, lo oí o lo olí, o sólo fui contaminado por esos conceptos que flotaban en el aire lastimosamente y que se oponen *per se* a la participación ciudadana, en la búsqueda del bien común del pueblo cristiano:

1. La brutal mentira de que los cristianos en México somos pocos, pobres y tontos. Es algo que llega a sentirse en la actitud de algunos, revestida de humildad, como una lucha callada en contra de la soberbia y la vanidad, pero es una horrible mentira que por muchos años percibí en diferentes lugares, limitando el crecimiento y el desarrollo de muchas personas, congregaciones y grupos... «¡Huy, no hermano! Eso es para los ricos, ¿cómo se le ocurre? ¡Nosotros nunca tendremos esa oportunidad! Reuniones de miles, jajaja ¿eso? Sólo en Estados Unidos y son muy pocos grupos de ese tamaño por cierto, ¡eh!», etcétera.

Yo me opongo a esas ideas y declaraciones y levanto mi voz con firmeza.

Si Dios está por nosotros, ¿quién estará contra nosotros? (Romanos 8.31)

¡Los cristianos no somos pocos! Hoy somos alrededor de quince millones de personas y cada día somos más, y si todos y cada uno hacemos nuestra pequeña parte para difundir la Palabra con sólo **siete** personas hasta que reciban a Cristo en su corazón, esta nación muy pronto doblará su rodilla ante el Señor Jesucristo. **Y si nos mantuviéramos unidos, desde ahora seríamos una de las principales fuerzas ciudadanas que estaría marcando el rumbo del país en varias áreas.**

¡Los cristianos no somos pobres! Si guardamos y hacemos conforme a todo lo que está escrito en la Palabra, haremos prosperar nuestro camino y todo nos saldrá bien. Seremos los mejores empleados y funcionarios. Los empresarios cristianos, al aplicar los principios y valores en

sus negociaciones y organizaciones, seguirán prosperando sin precedente alguno, así desarrollaremos más y más empresas. Estoy convencido porque ya está sucediendo, aunque todavía de manera incipiente, que instituciones y empresas buscarán tratar mayormente con cristianos por su honestidad, capacidad y fidelidad.

Y aquí hablo no de empresas, gobiernos o escuelas cristianas, porque vivimos en un país laico y con libertad de creencia, hablo de instituciones dirigidas o conformadas por muchos cristianos (no exclusivamente, por supuesto), que con su testimonio dan garantía de honradez, trabajo duro y responsabilidad. Eso es lo que provocaría mayor crecimiento y solidez.

¡Los cristianos no somos tontos! Tenemos no sólo la misma capacidad que los demás, ¡hoy es notorio el desarrollo en los últimos años! Encontramos cristianos por todas partes que son profesionistas, que estudian maestrías y doctorados, que incursionan en todos los ámbitos, de las empresas e instituciones, de la cultura y de las artes y desde luego en los medios de comunicación y la academia, pero adicional a estas competencias y atributos, quienes le creemos a Dios recibimos en la Palabra la sabiduría e inteligencia espiritual que viene de lo alto y eso nos lleva a tomar mejores decisiones y a obtener mayores logros.

2. La frustrante mentira de que la política es del diablo. Esa brutal falsedad es sembrada por el padre de mentira. La razón es muy sencilla, los únicos que pueden conocer y detener su maquinaciones, los únicos que tienen la capacidad sobrenatural de detener sus dardos de fuego, los únicos que pueden discernir sus artimañas y detenerlo, los únicos que pueden estar firmes contra sus asechanzas, somos todos aquellos que creemos y le creemos a Dios. Por lo tanto, si los cristianos en el nombre de Jesús y en el poder del Espíritu Santo, tomamos posiciones de autoridad, podremos contrarrestar la maldad y la mentira.

El engaño está, creo yo, en la idea generalizada de que el servicio público es tan corrupto que absorbe a cualquiera y que un cristiano no sólo no puede sustraerse a la corrupción, sino que se ve obligado a participar en ella. Aquí quiero aportar unos pensamientos para ti, amable lector:

Si la búsqueda del bien común es del diablo, ¿tienes que seguir siendo gobernado por él a través de aquellos que ceden a sus tentaciones o de los que son sus hijos?

¿Será posible que la corrupción haya alcanzado tan altos niveles, precisamente porque los que podemos sustraernos de ella no participamos en el gobierno?

Quizá no hemos sido responsables para prepararnos, para capacitar a los jóvenes y adultos, en ciencia y tecnología, pero desde luego en forma muy enfática en cuanto a los principios y valores, tanto que estén fortalecidos en el Señor y en el poder de su fuerza, que sean revestidos de la armadura de Dios, ceñida su cintura con la verdad, revestidos con la coraza de justicia y calzados los pies con el escudo de la fe, en la cabeza el yelmo de la salvación y en la mano la espada del Espíritu que es la Palabra de Dios.

Creo además que hemos sufrido de un síndrome, el síndrome del servidor público cristiano de *la secreta*, no sé si por estrategia, por vergüenza o por falta de compromiso con el Señor y con quienes le respaldan en oración, pero ha habido servidores públicos cristianos de *la secreta*, es decir, sólo ellos saben que son cristianos y, por ende, no hay un testimonio que cuidar, no les demanda el tener que dar cuentas como cristianos y es posible que los malos testimonios desanimen a muchos mientras a otros les haga pensar que no hay remedio, que no se pueden cambiar las cosas y por ello recomienden altamente no participar.

Entonces... ¿hasta cuándo?

Yo prefiero creer que sí podemos cambiar las cosas, decido creer que como para Dios nada es imposible, nuestro corazón puede seguir cambiando, podemos rechazar la ganancia deshonesta y la vanidad del poder, que con la mente de Cristo, muchos en un mismo sentir, trabajando con pasión, creyendo en sus milagros, podemos ser bendecidos de tal manera, que veremos la transformación de México.

Inclina mi corazón a tus testimonios y no a la ganancia deshonesta. Aparta mis ojos de mirar la vanidad y vivifícame en tus caminos
(Salmos 119.36–37).

Y no se trata de que llevemos la fe a las instituciones, sino que llevemos nuestra fe y testimonio como ciudadanos y seamos servidores en
las instituciones, pues es lo que somos, servidores y de la misma manera
que un empresario, político, director, empleado, artista o estudiante tiene
derecho a decir que es de uno u otro partido, que le va a tal o cual equipo
de futbol, y aun en muchos lugares es aceptable decir que es católico o de
alguna otra fe, excepto la nuestra, debemos decir con libertad que somos
cristianos.

En los últimos años hemos tenido una convicción muy firme que se ve
encuadrada en la frase que nos motiva tanto y nos sirve de guía: los cristianos
unidos hacemos la diferencia. El Señor nos ha mostrado que nuestro México
será alabanza en la tierra y que multitudes reconocerán que Dios es quien, a
través de muchos que habrán creído, habrá transformado la hermosa nación en
donde nos permitió nacer.

Sobre tus murallas, oh Jerusalén [México], he puesto centinelas; en
todo el día y en toda la noche jamás callarán. Los que hacéis que el
Señor recuerde, no os deis descanso, ni le concedáis descanso hasta
que la restablezca, hasta que haga de Jerusalén [México] una alabanza en la tierra (Isaías 62.6–7, con interpretación propia).

Así que fundamentados en esta Palabra de Dios dada en Isaías, fue como
iniciamos *Transformaciones México,* que busca apoyar el Plan Nacional
de Desarrollo del presidente Calderón, que es la autoridad de parte de Dios
(Romanos 13.1) para que el proyecto de nación para México que está en la
voluntad de Dios, sea una realidad.

El Plan Nacional de Desarrollo 2006–2012 se resume en alcanzar
un:

- México seguro
- México próspero
- México justo
- México limpio
- México democrático

Compartimos aquí una breve descripción, solo enunciativa, de los proyectos que hemos iniciado con la intención de ofrecer asesoría y seguimiento por si es del interés de algún grupo o congregación replicar alguno de ellos.

México seguro

Centuriones

Inspirados en el trabajo de Robert «Bobby» Peel (político inglés, 1788–1850), que en su momento tuvo impactantes resultados y que sigue vigente a pesar de haber sido creado en 1830, hemos nombrado *centuriones* a policías federales y a miembros del ejército, la marina y de las procuradurías, a quienes con el apoyo de muchos amigos, les otorgamos diversos reconocimientos por su heroica labor defendiendo nuestra nación.

Cabe destacar que Robert Peel, el bien llamado «Padre de la vigilancia policiaca», humanizó el sistema penitenciario, concedió plenos derechos políticos a los católicos (Ley de Emancipación, 1829) y creó la policía metropolitana de Londres, cuyos agentes reciben hasta hoy el apelativo popular de *bobbies* en recuerdo de su creador, Bobby Peel.

Oficiales de la paz

Organismo no gubernamental, fundado por Randy Green, por medio del cual se han adiestrado gratuitamente a policías estatales, municipales y ministeriales, así como custodios en Centros de Readaptación Social (CERESOS) en los estados de Baja California, Durango, Veracruz, Tabasco, San Luis Potosí, Distrito Federal, Hidalgo, Chiapas, Guerrero, Guanajuato y Estado de México.

Las disciplinas que se imparten son: tácticas básicas, tácticas Swat, protección a dignatarios, motociclismo de reacción inmediata, detección de vehículos peligrosos, descenso de helicópteros (rapel), defensa personal, uso de armas de fuego y armas blancas; asimismo participan en cursos de principios y valores, familia exitosa, control de ira, manejo de finanzas personales, entre otros.

México próspero
Imaginarium, incubadora de negocios para emprendedores

Con el apoyo de varios amigos, hemos conformado esta empresa que en primera instancia tiene como objetivo capacitar emprendedores con el apoyo de la Regent University, una de las más prestigiadas instituciones de Estados Unidos en el tema de creación y desarrollo de empresas. Por otra parte, la incubadora de negocios nos ha permitido —con el apoyo del Instituto Tecnológico y de Estudios Superiores de Monterrey, campus Estado de México—, analizar proyectos para emprendedores, realizar la investigación adecuada para elaborar planes de negocios que permitan a los interesados iniciar negocios y empresas de éxito.

Agricultura, tiempo de sembrar, tiempo de cosechar

Por medio de la hidroponia y la agricultura protegida, el proyecto consiste en desarrollar agroindustria, capacitar en primera instancia a agrolíderes, apoyarlos en la construcción de invernaderos hidropónicos y en la comercialización de los productos del campo a la mesa.

México justo
Fundación Camino a Casa

Dedicada a la reinserción a la sociedad de niñas que han sido explotadas sexualmente, otorgándoles apoyo emocional, físico y espiritual, con el propósito de que alcancen una vida digna.

Universidad de las naciones

Garantizando una congruencia social en sus egresados, a través de educación de calidad, promoviendo una conciencia viva de los problemas sociales, así como la consecuente responsabilidad para ayudar a resolverlos, iniciaremos a corto plazo este extraordinario proyecto.

México limpio

Reciclar, reusar y reducir

Se ha logrado iniciar empresas que utilizan el «pet» para reciclarlo, como la primera etapa del proyecto y continuaremos con la capacitación en el tema de reusar y la promoción de reducir entre otros el consumo de agua y de energía eléctrica.

México democrático

En este eje hemos encontrado que la mejor forma de actuar, es la participación en el servicio público, que es precisamente el tema central de este libro.

Y, nuevamente, en virtud de comentarios a la ligera o por falta de conocimiento, es necesario mencionar que el proyecto **Transformaciones México**, lleva implícito el concepto medular de que aquellos que con su trabajo y dedicación lo hacen posible pudieran a la larga dedicarse de tiempo completo y recibir un sueldo o ingreso por ello, y que desde luego, no nos da, ni llegará a dar a Rosi o a mí en lo personal, ningún beneficio económico, sino sólo la profunda satisfacción de apoyar el desarrollo de otros a nuestro rededor.

Testimonio de Rosi

De la iniciativa privada al gobierno

La vida profesional de Alex fue de victoria en victoria en su negocio de seguros y fianzas. En un principio llegó a trabajar hasta dieciséis horas al día con mucho éxito, por lo que su profesión era algo que podía mantenernos económicamente para toda la vida; sin embargo, hubo un momento en que después de treinta y cuatro años trabajando en ello y teniendo poco de haberse asociado en uno de los diez despachos más exitosos en ese ramo, Dios nos pidió entregar todo para abrazar un proyecto de transformación para México.

Por supuesto que todo obra para bien y logramos invertir parte de la venta de esas acciones en empresas que ayudan en lo eterno y nuestro hijo que desde los diecisiete años comenzó a ser emprendedor ha hecho muy buen uso de sus talentos. Él es un joven sumamente responsable y trabajador que cuando comenzaba su primera empresa me dijo: «Mami, ya gano x cantidad de dinero». Recuerdo que le respondí: «Hijo, el problema en este país es la acumulación de riqueza en pocas manos, ¡no me digas cuánto ganas! Me sentiré muy orgullosa cuando me digas cuántos empleos has generado». Desde entonces cada año viene satisfecho a enseñarnos la foto de todas las personas que están bajo su responsabilidad.

La mujer de un funcionario público, no sólo tiene que ser honesta sino parecerlo. Y más aun porque después de una vida de servir a los demás enseñando principios y valores, ahora había que aplicar todo eso en un mundo muy agresivo, pero muy necesitado de gente con compromiso.

Muchas veces me he preguntado: ¿Qué necesidad teníamos de cambiar una vida muy cómoda de empresarios en la que viajábamos a convenciones de lujo en diversos países y Alex recibía grandes aplausos por sus ventas anuales? ¿Para qué cambiar todo eso por una vida de tanto trabajo, grandes ataques y muchas injusticias? Y siempre llego a la conclusión de que cumplir la voluntad de Dios es lo mejor que podemos hacer y que su voluntad nada tiene que ver con comodidad, ni con complacernos a nosotros mismos, sino con tomar la cruz y seguirle. Es un tema de esfuerzo, dedicación y responsabilidad.

Me doy cuenta de que la vida del creyente debe encontrar su razón de ser en causas que no tengan que ver con yo, mi, mío, sino con dar su vida por otros, con servir a los demás.

El cambio de la iniciativa privada al gobierno comenzó cuando conocimos a Margarita Zavala y a nuestro actual presidente. Recuerdo el día que desayunaron tranquilamente en nuestra casa, en las Lomas de Chapultepec, nos platicaron ampliamente su proyecto, sus motivaciones, en cierto momento él fue a su auto por su Biblia, la cual estaba leyendo. Alex y yo quedamos muy impactados por sus valores, su sencillez, por el ejemplo como pareja y por su gran amor a México.

No era todavía el candidato de su partido, estaba en tercer lugar, pero hicimos juntos una oración, sentí el poder de Dios y tuve la convicción de que él sería el próximo presidente. También entendí que venían grandes cambios para nuestras vidas.

Cuando comenzó la campaña, Alex y yo dedicamos mucho tiempo a orar y actuar a favor de su proyecto, ellos son personas valientes y con principios, que le llaman a lo malo malo, y que no están dispuestos a negociar ni a darle lugar a ninguna cosa que perjudique a los jóvenes e infantes, ni a ninguna persona en nuestro querido México.

Desde 2005 trabajábamos ya en contra de la trata de personas, delito que es la peor forma de esclavitud. Ellos estaban desde entonces comprometidos a combatir la delincuencia en todas sus formas, a limpiar las instituciones, a ser valientes y esforzados sin temer las represalias de los criminales, que durante tantos años se habían estado apoderando de nuestra nación por el temor e irresponsabilidad de algunos gobernantes.

Viajé con Margarita semanalmente a diferentes ciudades orando juntas y presentándola con muchos amigos que después de escucharla eran convencidos para apoyar el proyecto. De igual forma mi esposo acompañó al entonces candidato Felipe Calderón y los dos fuimos testigos de cómo el Espíritu Santo ponía convicción en las personas que lo escuchaban; no era difícil para un cristiano discernir entre un candidato con cuatro familias, contra un hombre íntegro, de valores y principios con una familia sólida como es y ha sido siempre nuestro presidente el licenciado Felipe Calderón Hinojosa.

Después de escuchar tantas veces el proyecto con el que planeaba gobernar nuestro país, no me sorprendió nada cuando Alex me dijo: «Quiero trabajar por México, estoy dispuesto a dejar todo por apoyar este proyecto».

Cuando el presidente ganó, Alex, por su perfil, fue invitado a formar parte del proyecto, como lo pidió y me dijo: «Tengo que renunciar a mi credencial en la compañía de seguros, pero si solamente cancelo la credencial y mis socios ofrecieran sus servicios al gobierno, podría ser un grave problema, por lo que voy a tener que vender mis acciones y salir de la sociedad». La verdad es que me sentí horrible, entendí lo que es quemar los barcos, tomar la cruz, era morir a treinta y cuatro años de una carrera exitosa de un nombre reconocido y de una estabilidad, pero estábamos seguros de algo, era la voluntad de Dios.

Otro acto maravilloso de Dios con mi esposo fue no tomar un cargo muy importante que le daban y pedir una posición de servicio a los demás, de trabajo social, en lugar de una considerada de poder.

El primer periodo no fue fácil, la «grilla» es fuerte, muchas veces pensaba: ¿Y qué necesidad teníamos? Sin embargo, Alex fue promovido, nombrado por el presidente para ser el Director del Instituto Nacional de las Personas Adultas Mayores (INAPAM); a la vez decidió estudiar una maestría en Responsabilidad Social y terminó con promedio superior a nueve puntos, su vida después de Cristo ha sido una inspiración para todos los que estamos cerca.

De casa al Congreso

Creo que el momento más crucial que he vivido, en el que tuve que tomar una de las decisiones más difíciles que jamás me haya tocado, fue justo antes de las elecciones del 2009 para diputados federales y locales. Recuerdo que la persona que era candidata para el Distrito No. 2 federal de la Delegación Gustavo A. Madero, decidió dejar esa candidatura días antes de empezar la contienda electoral; me habló por teléfono llorando y me dijo: «No tengo paz, no quiero ir», así que debido a eso, en el Partido Acción Nacional me pidieron a mí que tomara ese lugar, fue un momento muy complicado, muy difícil, fue como vivir un Getsemaní en donde le dije a Dios: «Padre mío, si es posible, que pase de mi esta copa, pero no sea como yo quiero, sino como tú quieras» (Mateo 26.39).

Unos meses antes, Cindy Jacobs me había dado una palabra que ese día recordé: «Tú serás una reformadora». Me invitaron a tomar una candidatura en un distrito muy difícil, casi imposible de ganar, pensé también en el gran ejemplo de amigas como la Senadora Mirtha Hornung, en Perú, o la Senadora Claudia Rodríguez, en Colombia, y tomé la decisión de postularme.

Lo primero que vino a mi mente fue hacer una campaña que dejara algo muy positivo en las personas, algo que se les quedara para siempre en su vida, en su familia, así que hicimos una campaña de principios y valores.

Comenzamos la campaña con la intención de sembrar en cada habitante de la delegación semillas para una vida transformada y un énfasis especial en prevención contra la explotación sexual comercial infantil, que es una de las peores formas de trata de personas.

Una de las primeras cosas que decidimos fue cuidar el dinero sin gastar desmesuradamente en propaganda impresa con fotografías, que al final termina en la basura o pisada por toda la gente; así que invertimos en un precioso material de principios y valores, de manera que el dinero se usara en algo que dejara un bien a la comunidad. Lo segundo fue difundir el tema de la trata apoyándome en la fundación en la que participamos mi esposo y yo.

Hicimos muñequitas del logotipo de la fundación y emprendí la tarea de la lucha contra la trata de personas por todas las calles del Distrito No. 2, llevando un mensaje directo a los padres de familia en cuanto a cómo cuidar y prevenir a sus hijos e hijas de la explotación sexual comercial infantil y de la trata de personas. Preparamos folletos que pudieran ayudar a que la gente entendiera el tema, uno de los mayores éxitos fue oír que los padres de familia querían más material para entregar a sus familiares, vecinos y amigos, para llevar a las escuelas; de esa manera los papás, sobre todo las mamás, se volvían un apoyo a la candidata Rosi Orozco, comprendiendo la importancia del tema de la lucha contra la trata.

Otro acierto fue ver a familias unirse, a vecinos integrarse mejor gracias a la campaña, se formaron grupos de estudio de principios y valores, que revisaban temas como el ahorro, trabajo duro, perseverancia, honestidad entre otros valores. Los integrantes reconocían que les ayudaba a mejorar su calidad de vida y la de sus familias, mejorando la relación de padres a hijos, su vida laboral y su integridad, comprobamos de nuevo que los principios y valores realmente pueden transformar no sólo a Gustavo A. Madero sino también a todo México.

Fue una campaña dificilísima contra una excelente competidora, Beatriz Castelán, reconozco que competimos de manera limpia y sin pleitos, todos actuamos de manera ética.

Durante la campaña conocí casos graves de trata de personas, recuerdo en especial a una madre que fue a traer de su casa a una chica de dieciséis años muy deprimida, ya que un hombre se la llevó por tres meses y la estuvo forzando a prostituirse, la chica no tenía brillo en su mirada, estaba muerta en vida. La directora de su escuela me dijo que esa hermosa joven había sido de sus mejores estudiantes, una chica con calificaciones excelentes hasta que ese hombre la abusó y destruyó todo su proyecto de vida.

Muchos me acompañaron en esos días de campaña, no tengo palabras para agradecerles, fue muy poderoso que cada uno podía decir cómo la canción de la campaña: «Yo sí conozco a Rosi Orozco», ya que la mayoría del equipo fue conformado por amigos y sus familias, un grupo solidario hasta hoy. Dios, además de apoyarme con tanta gente, nos dio nuevos amigos; al final de la campaña logramos ser una gran familia.

Me llamo Rosa María De la Garza Ramírez, pero desde el primer día de casada todas las personas que conozco me dicen Rosi Orozco, así me registré ante notario, lo cual es válido y legal para la campaña y ahora para la diputación. Honré a mi esposo (mi principal apoyo económico para la campaña, jajaja) poniéndome el nombre con el cual muchas personas me conocen, por el trabajo social que durante años hemos realizado.

El día de las elecciones fue glorioso, tuvimos los cielos abiertos, las casillas cubiertas, treinta y dos observadores internacionales y muchos amigos motivando a la votación.

Ganamos, y con ello vino un peso de gran responsabilidad, porque aun cuando la gente me dio ese voto de confianza, represento a alguien más grande que yo. Pude ver la mano de Dios en mi vida una vez más: «Encomienda al Señor tu camino, confía en Él, que Él actuará» (Salmos 37.5).

En el Congreso

El primer día en la Cámara de Diputados le regalé a cada diputado, con la ayuda de United States Agency for International Development (USAID), un video de la película *Tráfico de Mujeres* [*Human Trafficking*] y una carta explicando lo que es la trata de personas.

Desde el primer periodo trabajamos para lograr la Comisión Especial de Lucha contra la Trata de Personas y lo logramos con los votos de las siete bancadas. En Navidad regalamos una obra maravillosa con un mensaje que pudiera tocar los corazones de todos.

El 20 de abril de 2010 presenté la Iniciativa para la Ley General para Prevenir y Sancionar la Trata de Personas. Concretar una ley general es muy difícil pero si se podía hacer una para el delito de secuestro, también teníamos que lograr la de la lucha contra la trata, ya que este aberrante delito es el secuestro de los más vulnerables de México y de migrantes en nuestro país, de personas que ya sufren por pobreza, por marginación, por violencia intrafamiliar o adicciones, por eso es doblemente injusto que además sean vejadas de tan terrible manera. Para obtenerlo necesitábamos algo más difícil, la reforma al Artículo 73 de la Constitución Política de los Estados Unidos Mexicanos.

En mi corazón supe que trabajar en equipo era lo que nos daría la victoria, sin importar colores, partidos e ideologías debíamos apoyar las iniciativas contra la trata. Es por ello que unidos lanzamos el sitio web www.unidoshacemosladiferencia.org, por cierto, en el evento de lanzamiento de nuestro sitio contamos con la participación de Ernesto D'Alessio, que interpretó un canto que sensibilizó a todos los presentes.

Así apoyamos iniciativas de mis compañeros y compañeras como si fueran propias y logramos la reforma al Artículo 73 de la Diputada Araceli Vázquez del Partido de la Revolución Democrática y las reformas de las diputadas del Partido Verde Ecologista de México, Caritina Saenz y Lorena Corona, iniciativas que castigan a medios que publiquen anuncios que se liguen a la trata de personas.

La vida diaria en San Lázaro es una gran responsabilidad, tan grande que tengo que pedir a diario la ayuda de Dios con temor y temblor. En todos los partidos hay personas sensibles al tema de la trata y no hay duda de que las personas honorables se indignan ante tan terrible crimen y apoyan con todo las iniciativas que puedan detener ese delito.

La meta final es lograr la Ley General para Prevenir y Sancionar la Trata de Personas para lo cual muchos diputados y senadores de diferentes partidos están plenamente convencidos de que unidos hacemos la diferencia. Miro hacia atrás y veo cómo Dios me ha enseñado que confiando en Él todo se puede, estoy segura que «Todo lo puedo en Cristo que me fortalece» (Filipenses 4.13).

Y así como hace más de veinte años unidos, Alex y yo comenzamos un grupo bíblico pequeño y nos multiplicamos tanto hasta ser miles actualmente, hoy somos cada vez más los mexicanos que creemos que el delito de la trata se puede combatir y erradicar.

Ser diputado no sólo se trata de elaborar leyes, es representar, en mi caso, al Distrito 2 y con ello a todas las personas que confiaron en nosotros, eso también es mucha responsabilidad, por lo cual me he dado a la tarea de abrir una oficina de enlace en donde los ciudadanos de la Delegación Gustavo A. Madero pueden ir a solicitar una gestión o trámite gubernamental y nosotros lo canalizamos a las instancias correspondientes, para facilitarles y ayudarles; también contamos con «Casas Amigas» de simpatizantes, habitantes de la demarcación, con valores en común con nosotros, que trabajan en pro de la comunidad, y desde luego sigo visitando continuamente a los residentes y comerciantes de mi distrito, aun a las lecherías desde las seis de la mañana.

Yo no tenía apoyo de las autoridades en cuanto al tema de la trata, al contrario algunos se llegaron a burlar de mí, pero he visto el respaldo de Dios de tal manera que el asunto se ha posicionado como nunca antes, ya se habla de ella como un tema prioritario en la agenda nacional, se realizan operativos especiales para luchar contra ese flagelo, hay detenidos y sentenciados, cada vez más personas se hacen conscientes de que tenemos que detener esos delitos.

He tenido la oportunidad de organizar y participar en muchos foros por todo el país, he sentido el respaldo de Dios, he clamado y reclamado públicamente, he insistido en mi lucha incansablemente por liberar niños de esa esclavitud, milagrosamente he visto que cada vez más personas valientes y responsables se suman a esta grande y necesaria transformación.

Y si bien extraño la comodidad en la que vivía antes de iniciar esta gran aventura, hoy me siento plena, y segura de que es el Señor quien me ha llevado a esta intensidad de vida, en la que sé que no puedo perder un solo minuto para avanzar en la libertad de muchos niños, esa misma libertad con la que Cristo nos hizo libres.

Anhelo que todos los creyentes hagan algo contra la esclavitud, sólo con el amor de Cristo pueden esas personas ser restauradas, y para ello, tenemos también necesidad de albergues en las principales ciudades.

Las personas rescatadas son las más agradecidas, literalmente como María Magdalena. Servirles es el mayor privilegio, toda la semana espero para verlas, hoy son como nuestras hijas.

Luchar contra la trata de personas, que es el segundo negocio ya del crimen organizado, ha sido muy difícil, hemos tenido que poner a salvo a nuestra familia, hemos recibido amenazas y hemos sido vituperados.

No hemos podido defendernos en los medios masivos de información para no poner en peligro a las víctimas que viven en lugares hermosos, dignos, elegantes donde se paga renta y todo se hace de manera legal, sin favores especiales. Ellas viven así porque no son basura como les dijeron, no son ni fueron ni serán prostitutas, son princesas y viven como tales. Todo el modelo de atención desde el primer momento está encaminado a que vivan en esta nueva naturaleza recuperando su autoestima.

En el libro que escribí junto con Evangelina Hernández, explico que hasta el día de hoy nunca hemos obtenido recursos ni federales, ni estatales para la fundación y por supuesto que no nos hemos beneficiado sino al contrario, el precio ha sido alto, además del costo económico, pues hemos sembrado en joyas eternas, jovencitas de las cuales nos sentimos muy orgullosos.

Testimonio de Pablo

Tenía quince años cuando comencé a aprender de la búsqueda del bien común. Mi primera experiencia fue acompañando en diversas actividades a una gran mujer con una extraordinaria trayectoria, María de los Ángeles Moreno, en ese tiempo ella ocupaba el cargo de presidenta de su partido político en el Distrito Federal. Pude observar su agraciada manera de hablar y de moverse entre la gente, sus discursos elocuentes, su experiencia, su sabiduría en el trato con las personas y en la toma de decisiones. Encontré en María una mujer firme de convicciones, de gran testimonio y congruencia; de hecho, mi interés por el servicio público inició aprendiendo de ella y de un gran hombre con amplísima experiencia en esas lides, Liébano Sáenz.

Por la amistad con su hijo, pude convivir mucho con la familia Sáenz; encontré en Liébano un hombre siempre lleno de sabiduría, un gran maestro y un ejemplo de servicio a México. Hay una cosa en especial que admiro de él, siempre lo vi dedicar tiempo y cariño a su familia, lo vi disfrutar el tiempo que pasaba con Nathan, mi amigo; creo firmemente que el mejor testimonio que una persona puede tener, es el de una familia unida y feliz. Esto aplica no sólo en la vida pública, sino también en el ministerio, los negocios, el servicio social o cualquier otra vocación. Liébano tiene este fruto, una familia unida y feliz.

Cuando conocí a Felipe Calderón y a su esposa Margarita Zavala, al instante decidí que quería ser parte de su proyecto, fue en un desayuno en el que acompañé a mis papás, de hecho, recuerdo que me «volé» una clase en la universidad para poder estar ahí. Mis papás los conocieron en una reunión y habían quedado con muy buena impresión. Lo que me platicaban hizo que tuviera mucha curiosidad por conocerlos.

En ese tiempo Felipe aún era precandidato y no era considerado el favorito para ganar la candidatura, pensé que no iba a poder hablar mucho y que más bien me tocaría escuchar a mis papás platicar con ellos, pero cuando llegaron, él me preguntó en qué universidad estudiaba y al saber que era la misma en la que él hizo su maestría, comenzamos a platicar un buen rato sobre la escuela; sin embargo, después de un tiempo, mis papás amablemente me recordaron que tenía clases.

Cuando les dije que quería participar en su proyecto y que estaba dispuesto a tomarme el semestre con tal de involucrarme de tiempo completo, recuerdo muy bien las palabras de Felipe Calderón: «Pablo, este proyecto te consume, después de esta campaña te van a salir muchas oportunidades; al ver tu trabajo, muchas personas te van a querer invitar a nuevos proyectos y es muy fácil que dejes la escuela por estas oportunidades. Así que tienes que llevar cuando menos una materia este semestre. No quisiera que dejes la escuela por completo».

Así, en enero de 2006 me uní al equipo de campaña, fue una experiencia increíble. Al principio estuve trabajando con Ernesto Cordero, recuerdo que nos tocaba de todo, teníamos reuniones muy interesantes y de mucho provecho con líderes de organizaciones de taxistas, microbuses, ambulantes, policías, de todo. Hubo una reunión en la que a cambio del apoyo de cierta organización, pedían la candidatura de gobernador de un estado para un amigo que apenas había estudiado la preparatoria.

La verdad disfruté mucho ese tiempo. Ernesto Cordero es una persona que te trata como un amigo y me enseñó muchísimo a medir quién realmente tiene el liderazgo que dice tener y quien no. Sobre todo me gustó mucho el trato humano y amigable que tiene con la gente; después estuve en el área juvenil de la campaña, haciendo grupos de estudiantes que apoyaban al candidato en universidades y preparatorias.

De Ernesto Cordero tengo un recuerdo muy agradable que tiene que ver con su sencillez y el buen trato que lo caracteriza. Un día, siendo él ya secretario de Desarrollo Social, fui a verlo a su oficina, obviamente tardé un rato en que me programaran una cita, ya que la agenda de un secretario es complicadísima, mientras esperaba me preguntaba si su actitud sería diferente; al entrar a su oficina, escuché: «¡Pablito!», y cuando lo vi, el secretario traía puesta una corbata de los Bucaneros de la NFL [Liga nacional de futbol americano de Estados Unidos de América]. Salí feliz de haberlo saludado y de haber tenido una reunión difícil de olvidar.

De la campaña tengo grandes recuerdos, por ejemplo, en un viaje a Tijuana, el candidato Felipe Calderón visitó un centro de rehabilitación de personas con adicciones, fue un momento que nos impresionó a todos los que estuvimos ahí. En su discurso les habló de la esperanza de una vida mejor; de David cuando venció a Goliat y de cómo ellos podían decidir aprovechar esa nueva oportunidad que tenían y ser hombres de bien. Fue uno de esos discursos inolvidables que te tocan, de hecho, recuerdo que era muy característico cuando soltaba el mensaje que le habían preparado y decidía hablar con el corazón.

En otro viaje, acompañé a Margarita Zavala a visitar comunidades indígenas en Yucatán. La recibieron con mucha alegría y ella se mostró tan amable que se ganó el cariño de la gente, es una mujer tan carismática, que siempre sabe cómo hacerte sonreír con un comentario inteligente y simpático.

La campaña de 2006 fue una de las mejores experiencias de mi vida, no sólo porque ganamos, sin duda alguna es increíble ser parte de un equipo que gana una campaña presidencial, pero también porque en verdad es asombroso trabajar por un proyecto en el que crees apasionadamente; yo no tenía duda de que trabajaba para la mejor opción.

Después de la campaña me desconecté un rato, en ese tiempo yo tenía un restaurante que descuidé bastante por la campaña, así que me dediqué a rescatar lo que quedaba de él. Luego trabajé como voluntario en Los Pinos, en la Secretaría Técnica de Presidencia, que es el área que maneja la correspondencia del presidente. Además, cada miércoles mi jefe atendía a presidentes municipales de todo el país que pedían recursos extraordinarios para recintos deportivos, centros de salud, etc. Fue un periodo interesante, de entrada, ir a Los Pinos todos los días es muy emocionante; asimismo, conocí gente muy valiosa y me tocó ver cartas de personajes muy importantes como jefes de estado, empresarios y artistas famosos.

De hecho, estuve ahí cuando ocurrió el lamentable accidente en el que perdió la vida el secretario de gobernación Juan Camilo Mouriño; ese día comenzamos a escuchar sirenas de ambulancias y patrullas, creímos que se trataba de un accidente automovilístico común, después nos dimos cuenta de que había sucedido algo más grave; mi jefe se fue a la Casa Miguel Alemán, que es donde se encuentra la oficina del presidente y del secretario particular, minutos más tarde lo vi llegar, sentarse en su escritorio y, lleno de tristeza, poner su cabeza en sus manos. Muchos regresaron llorando... fue un día muy triste.

Los siguientes dos meses recibimos miles de cartas de condolencias para el presidente, había misivas de empresarios muy importantes que le escribían notas muy sinceras en las que relataban situaciones difíciles que vivieron por lo que se identificaban con su pérdida.

Al cabo de ocho meses de trabajar en Los Pinos, en diciembre de 2008, acepté la pre-candidatura para «Diputado Federal Suplente» en Coyoacán. Me invitó Paty Prado, mamá de tres de mis mejores amigos, con quienes de niño me quedaba en su casa cuando mis papás salían de viaje.

En febrero de 2009 iniciamos la campaña interna por la candidatura del Partido Acción Nacional (PAN). Fuimos candidatos únicos en el partido y decidimos echarle todas las ganas, en marzo fuimos electos por la militancia y en mayo arrancamos una campaña muy intensa, nuestro día de trabajo era muy pesado, iniciábamos a las cinco de la mañana platicando con la gente afuera de las lecherías, después con los papás que llevaban a sus hijos a las escuelas primarias y los jardines de niños, continuábamos con recorridos de aproximadamente ocho cuadras en las que tocábamos las puertas y hablábamos con las personas que nos recibían.

A mediodía comíamos con líderes, al terminar seguíamos con los recorridos y en la noche nos reuníamos con vecinos de distintas colonias. Fue muy pesado, pero en verdad una preciosa experiencia. Esta campaña me llevó a conocer la forma de vida de miles de mexicanos, una vida muy distinta a la que yo había conocido; de entrada, yo no sabía lo que eran las lecherías y no sabía que millones de personas salen a las seis de la mañana todos los días y caminan unas cuadras, en el caso del D.F., y kilómetros en las zonas rurales, para poder dar a su familia un vaso de leche de desayuno.

La campaña me llevó a comprender lo que es México y sus contrastes. Me tocó escuchar a la señora que perdió a su hijo por una riña entre narcomenudistas; a la señora que no se atrevía a salir de su casa al oscurecer por las pandillas de la colonia; al señor que ha buscado empleo por meses y no lo encuentra; a la señora que se quedó sola y por la edad ya casi no puede ni caminar; al joven que no puede estudiar y ya no cree poder mejorar su condición de vida; a las miles de niñas de quince y dieciséis años que están embarazadas y que saben que enfrentarán la vida como madres solteras teniendo que encontrar la forma de mantenerse a sí mismas y a sus bebés.

La campaña me abrió los ojos en muchos sentidos. No ganamos, nos quedamos a menos de cinco mil votos; al principio me dio mucho coraje, sobre todo porque en verdad creía que éramos una muy buena opción y que el candidato contrario, que ganó, era una muy mala opción, desde luego. Pero eso es la democracia. Por las razones que sean, la gente decidió y nos tocó esperar a la siguiente oportunidad.

Unos meses después, Obdulio Ávila se postuló como candidato a la presidencia del PAN en el Distrito Federal, así que me sumé a apoyarlo en su campaña, en enero de 2010 ganó y en febrero comencé a trabajar en las oficinas del PAN del D.F.

Desde entonces soy su secretario ejecutivo y en verdad que ha sido un privilegio y un trabajo muy emocionante, estoy feliz de trabajar con él ya que es un político que se caracteriza por su honestidad, firmeza en sus convicciones y primordialmente por un gran espíritu de servicio.

Como ejemplo de lo anterior, en una ocasión Obdulio me encargó ir a la sierra de Guerrero por una familia que, de cinco hijos, tiene tres que padecen una enfermedad neurológica, el papá trabaja en el campo, con un salario de cien pesos por día, es una familia muy necesitada de la que Obdulio escuchó y decidió ayudar, pagando personalmente sus gastos por algunos meses en la ciudad de México mientras las niñas recibían atención médica.

Me sorprende mucho cuántas necesidades toma Obdulio y las hace propias, incluso de personas que electoralmente no le suman nada, ha logrado obtener puestos importantes y sin embargo, para él la política sigue significando, básicamente, servicio.

Hay tres enseñanzas fundamentales que he recibido, la primera es esta cualidad que he aprendido de Obdulio, nunca perder el propósito esencial: servir.

Las carencias que sufre la gente son infinitas y suele volverse pesado escuchar a miles de personas con necesidades, más cuando sabes que no puedes resolverlas todas. Sin embargo, Obdulio me ha enseñado a luchar por cada una, aunque no crea poderla resolver o piense que no me corresponde.

Debo admitir que más de una vez he desechado alguna petición por creer que no nos compete resolverla o por creer que no tenemos cómo hacerlo, Obdulio me ha llamado la atención y me ha hecho reflexionar sobre las limitantes que sufren esas personas y me ha recordado la importancia de servir a los demás, de servir a todos, sin importar lo que estas personas me puedan dar en retribución.

Por otro lado, he aprendido a tener siempre presente que debemos actuar diferente y que tenemos un objetivo distinto, el propósito de que un joven cristiano entre al servicio público no es crecer en poder, en ingresos económicos o en influencia. Un joven cristiano debe estar ahí primeramente para ser luz; esto es, para mostrar cómo debe ser un cristiano; que a través de sus palabras, sus acciones, sus actitudes y todo lo que haga refleje una forma distinta de actuar. Que muestre las acciones y actitudes de una persona que busca agradar a Dios.

Esto, me temo, es muy complicado de hacer en ese ambiente. Es muy fácil dejarse llevar por la ambición, las presiones, los pleitos, los chismes, la grilla, las ofertas de negocios «derechos», la fama, etcétera.

En todo momento debes mantener muy claro quién eres y por qué estás ahí. En el momento en que olvidas esto, te vuelves uno más entre muchos.

Por último, para poder lograr estas primeras dos cosas hay algo muy importante que no debes descuidar nunca, tu relación con Dios. En el servicio público vas a estar tan ocupado que es muy fácil dejar de dedicar tiempo para buscar a Dios, para alimentarte y para estar en el discipulado.

Necesitas que haya alguien en tu vida que te pueda llamar la atención, que te pueda advertir cuando te estás alejando de Dios o de tus convicciones. Un error que cometí mucho tiempo fue hacer a un lado mi discipulado y dejar de participar en el liderazgo. Eso es grave porque no te das cuenta cuando empiezas a estar mal en tu corazón y en tus actitudes, es a lo que Pablo se refiere cuando dice que cuidemos de no deslizarnos. Al no tener una responsabilidad de dar ejemplo y discipular a otros, es muy sencillo comenzar a permitir actitudes equivocadas.

Quiero terminar este «testirollo» haciendo un llamado a los líderes y pastores de México: inviertan en los jóvenes. Formen hombres y mujeres que puedan ser luz en la vida pública. Necesitamos muchos jóvenes que sean incorruptibles, que estén listos para enfrentar los manjares de Faraón y saber mantenerse firmes en sus convicciones, para que tengan el respaldo de Dios en sus vidas, para que cuando el rey los vea, sepa que son los jóvenes en quienes hay bendición.

Es importante que los jóvenes adopten una posición valiente y comiencen a participar y a concientizar a la gente que les rodea.. La búsqueda del bien común es un área que está controlada por muchas personas que no comparten nuestros valores y nuestra fe, esto se debe a que nosotros nos hemos mantenido al margen; hemos vivido pensando que no debemos involucrarnos, sin embargo, somos un sector muy importante de la población y seguiremos sin ser representados en la toma de decisiones de nuestro país, mientras sigamos creyendo que el servicio público es del diablo y tengamos miedo de alzar nuestra voz y denunciar al malo y levantar al justo.

Testimonio de Alejandro

Cuando estaba por iniciar mi labor en el gobierno un gran amigo muy experimentado en estas lides me dijo: «Mira, esto es muy simple, sólo ¡tienes que ser como el elefante!» y me explicó: «El elefante tiene la piel muy dura, para resistir todas las agresiones, tiene las orejas muy grandes para escuchar mucho, tiene una trompa enorme para acercarse a todo el mundo, unas patas muy fuertes para mantenerse firme en sus principios y una cola mucho más pequeña, para que no tengan nada que le pisen».

Y vaya que así ha tenido que ser, no sólo un mundo totalmente diferente, que no se parece en casi nada a la iniciativa privada, en la cual trabajé durante treinta y cuatro años, sino que además se rige por criterios y actitudes opuestas con frecuencia; hay tanta reglamentación y autoridades en el gobierno que a mí me sorprendió muchísimo conocerlo: leyes, reglamentos, estatutos, normatividad, Junta de Gobierno, Consejo Consultivo Ciudadano, Contralor Titular del

Órgano de Control Interno, Comisario y Comisario suplente, Auditor externo, Comité de Mejora Regulatoria, Comité de Control del Desarrollo Institucional (antes Comité de Control y Auditoría), Comité de Adquisiciones, Comité de Profesionalización de Competencias y varios otros comités más, Supervisión de la cabeza de Sector, Auditoría Superior de la Federación... creo que tardé meses en entender mi participación en cada una de estas áreas y actividades.

Ahí todo son siglas, el PEF, el PAT, el PIA, el PASH, el SED, entre muchos otros y los nombres de las instituciones igualmente por sus siglas como CONADE, CONAPRED, COFREPIS, CONAPO, CONAEN, FONAES FONHAPO, COFEMER, CONADIS, SEMAR, SECODAM, INEGI, FIRA, CORETT, PRONAFIM y cientos más. ¡Necesitas un doctorado para poder aprenderte todo eso! Hoy, después de cuatro años aún no sé qué significa cada nombre de actividades, sistemas, procedimientos, controles e instituciones y tengo que preguntar constantemente. En fin, un mundo nuevo para mí, pero eso sí, muy interesante.

Más de setenta veces siete he querido salir corriendo, harto, cansado de las «grillas», fatigado de la presión de tener tanto que aprender en muy corto plazo, el costo altísimo de volver a empezar, la opresión constante, la agresión franca algunas veces y otras tantas, las patadas bajo la mesa, la mentira y la hipocresía en muchas cosas, los ataques gratis e injustos de algunos medios de comunicación, la doble o triple exigencia por ser y presumir sinceramente de ser cristiano.

¡Cómo añoro mi vida anterior al servicio público! La tranquilidad y prosperidad de mi empresa, que por cierto tuve que vender y separarme por completo de ella (no ocultarla y continuar con ella, como algunos lo hacen), porque existe un reglamento que prohíbe que un corredor de seguros tenga alguna posición en el gobierno; así que, quemé mis naves y creo que también era necesario hacerlo de este modo, para no sufrir una constante tentación de regresarme a mi principal actividad económica anterior; tomaba dos meses de vacaciones al año y los últimos años, trabajaba cuatro a seis horas al día, lo que me permitía dedicarme a mis otras actividades, la empresa muy organizada, con una cartera de clientes importante, por ende un alto nivel de ingresos. Desde luego que aquella prosperidad se debía a la gracia de la bendición de

Dios, aunque creo que yo cometía un grave error. Le pedía al Señor más clientes, lo que obviamente traía aparejado más trabajo. ¡Debí haberle pedido más dinero, no más trabajo!

Vale la pena aclarar que para lograr que la empresa tuviera ese nivel que me permitía llevármela con calma, durante muchos años tuve que trabajar muchísimo, con jornadas de doce a catorce horas diarias, claro que eso rindió fruto, como todo aquello que haces en las manos de Dios y Él lo prospera. Así que después de treinta y cuatro años de esfuerzo y dedicación lo dejé todo, ¡qué locura! y me metí al gobierno. Esta decisión la tomé, porque tuve la firme convicción de que eso era la voluntad de Dios para mi vida a partir de ese momento.

Debo comentar que no sólo no me arrepiento, sino que esa convicción de cumplir su perfecta voluntad, me fortalece y motiva cada día, y he tenido desde luego grandes compensaciones por ello. Primero y, la más importante, es que sé que el Señor quiere que esté ahí y eso es suficiente para estar feliz y sentirme en plenitud y lo sé porque estos cincuenta y dos meses en el gobierno, lo he comprobado al ver su mano protegiéndome sobrenaturalmente, guiándome y respaldándome de tal manera que he visto más milagros en este tiempo que nunca antes.

Una de las grandes satisfacciones que he recibido es conocer a muchas personas, algunas cristianas y a muchas otras que sin serlo, son hombres y mujeres con principios, que están ahí para luchar por México, ahora sí que, por amor a la patria y gracias a Dios, muchos me han obsequiado su amistad y desde luego también he podido formar un equipo de amigos y compañeros muy valiosos y comprometidos, junto a quienes nos esforzamos día a día para dar lo mejor de nosotros en el tema que nos corresponde.

Otra enorme distinción que ha sido una gran oportunidad para mí, es que el señor presidente me nombró director general del Instituto Nacional de las Personas Adultas Mayores, por lo cual los últimos dos años, he tenido el privilegio de trabajar por los adultos mayores del país, en la creación de la cultura del envejecimiento, misma que implica numerosas actividades y apoyos, en especial para los que menos tienen. No sólo el tema es muy noble, tener además la valiosísima oportunidad de acercarme a la necesidad y en especial el conocer y tratar a muchos adultos mayores ha sido espectacular.

Los adultos mayores son personas extraordinarias, he valorado tanto y a tantos, he podido constatar que el gobierno federal puede y hace muchas cosas y a veces con muy poco dinero y muchos de los y las adultas mayores son tan agradecidos y conscientes.

Cabe señalar por justicia inminente, que hay un sector de las empresas privadas y de los medios masivos de información de verdad interesados en el tema, que más allá de la aplicación de los conceptos de la responsabilidad social o de llevar a cabo un trabajo, apoyan y participan activa y generosamente en favor de este sector de la población tan importante.

Debo mencionar en este testimonio que estoy muchísimo más ocupado a los casi sesenta años que cuando tenía treinta; hoy tengo además del trabajo en el gobierno federal, al cual dedico en promedio diez horas al día de lunes a viernes, los fines de semana participo en Casa sobre la Roca, A.C., que por la gracia de Dios y quizá porque le estorbo menos, sigue creciendo. Continúo colaborando en dos empresas privadas, apoyo a una fundación, así como la coordinación de un par de asociaciones civiles y por supuesto seguimos avanzando con el proyecto de buscar el bien común.

Es decir, ¡mucho trabajo! pero la verdad es que me siento pleno, dedicado al cien por ciento, no tengo mucho tiempo para nada extra, de manera milagrosa no descuido a mi familia, estoy con mis hijos, mis nietecitos, y desde luego con Rosi, aunque ella ocupa mucho tiempo en esa preciosa y admirable lucha que ha emprendido contra la trata de personas, convivimos y compartimos mucho, pues en varias de las actividades de ambos, nos apoyamos y complementamos.

A pesar de este ritmo de trabajo, tuve la oportunidad de estudiar una maestría, de la que recientemente obtuve el grado. Quiero decir con este testimonio que sí se puede, en especial lo digo a los jóvenes, en las manos de Dios hacemos proezas, Él multiplica las fuerzas, como las del águila o del búfalo, nos da inteligencia espiritual y sabiduría de lo alto, a Él sea la gloria.

Doy gracias al Señor, por llevarme a tomar decisiones trascendentes en mi vida. Es un extraordinario y maravilloso privilegio que me dé la oportunidad de servirle en tantas áreas, desde luego que el Señor ensancha mi territorio, es mucho más de lo que puedo material y anímicamente hacer o lograr por mis propias fuerzas. Así que mi constante oración es la misma que Jabes:

Jabes invocó al Dios de Israel, diciendo: ¡Oh, si en verdad me bendijeras, ensancharas mi territorio, y tu mano estuviera conmigo y me guardaras del mal para que no me causara dolor! Y Dios le concedió lo que pidió (1 Crónicas 4.10).

Conclusión

El evangelio de Jesucristo es la más profunda e insuperable propuesta social y de servicio a los demás que ha existido en la historia. Jesús fue un transformador de la realidad que enfrentó, su vida tuvo grandes implicaciones, que no sólo modificaron aspectos importantes de la sociedad y el gobierno de su época, sino que cambiaron el rumbo de la historia y nos dio un ejemplo que prevalecerá por siempre. Rechazó francamente las estructuras religiosas y rompió con los hábitos establecidos, fueron tantas costumbres y tradiciones que afectó, que aun su sola presencia hacía modificar atavismos y actitudes protocolarias.

Actuó decididamente contra la injusticia y la corrupción, parte del gran ejemplo que nos da hoy en día es que todo lo que hizo, lo hizo con un amor incondicional, perdonando aun sin que le pidieran hacerlo, amando a sus enemigos en una manifestación impresionante de su misericordia y tomando forma de siervo, haciéndose semejante a los hombres, vivió dependiendo del anhelo de cumplir su misión, fortaleciéndose en el poder del Espíritu Santo y buscando a su Padre celestial en oración constante. En el Evangelio de San Juan, encontramos tanta riqueza de las cosas que el Señor Jesucristo hizo y dijo, entre muchas otras:

«Y el Verbo se hizo carne y habitó entre nosotros» (Juan 1.14). Pues le era necesario para salvar a la humanidad, pero también para vivir en carne propia y así enseñarnos el contexto histórico, geográfico y social de la época.

«Él les dijo: Venid y veréis» (Juan 1.39). Porque dar el ejemplo en lo cotidiano era importante para todos nosotros para poder aprender en la práctica.

«Y encontró en el templo a los que vendían bueyes, ovejas y palomas, y a los que cambiaban dinero allí sentados. Y haciendo un azote de cuerdas, echó a todos fuera del templo, con las ovejas y los bueyes; desparramó las monedas de los cambistas y volcó las mesas; y dijo a los que vendían palomas: Quitad esto de aquí; no hagáis de la casa de mi Padre una casa de comercio» (Juan 2.14–16). El Señor tuvo celo santo de proteger las cosas de su Padre.

«No te asombres de que te haya dicho: Os es necesario nacer de nuevo» (Juan 3.7). Primero porque el nacimiento espiritual es indispensable, pero también porque muchas cosas tenían que cambiar.

«Jesús respondió y le dijo: Tú eres maestro de Israel, ¿y no entiendes estas cosas?» (Juan 3.10). Porque la enseñanza espiritual llega a estar complementada con ideas, filosofías y formas humanas.

«Después de esto vino Jesús con sus discípulos a la tierra de Judea, y estaba allí con ellos, y bautizaba» (Juan 3.22). Este tipo de actividades, como el que sus discípulos bautizaran en presencia de Jesús, rompían con lo establecido, demostrando que lo trascendente es la relación con el Señor y no la forma.

«Pero la hora viene, y ahora es, cuando los verdaderos adoradores adorarán al Padre en espíritu y en verdad; porque ciertamente a los tales el Padre busca que le adoren. Dios es espíritu, y los que le adoran deben adorarle en espíritu y en verdad» (Juan 4.23–24). Servir a Dios implica necesariamente hacerlo por y para adorarlo.

«Yo os envié a segar lo que no habéis trabajado; otros han trabajado y vosotros habéis entrado en su labor» (Juan 4.38). Aquí nos enseña que su obra es una y que cada uno somos sólo una parte de ella, que muchos han sembrado antes que nosotros y que no sólo debemos reconocerlos y agradecerles, sino buscar con ahínco la unidad para hacer más y más rápido, todos juntos.

«Así que cuando llegó a Galilea, los galileos le recibieron, pues habían visto todo lo que hizo en Jerusalén durante la fiesta; porque ellos también habían ido a la fiesta» (Juan 4.45). Esto se parece tanto a la búsqueda del bien común, pues acorta caminos.

«El padre entonces se dio cuenta que fue a la hora en que Jesús le dijo: Tu hijo vive. Y creyó él y toda su casa» (Juan 4.53). Ese mismo interés que el Señor mostró por los enfermos, es el que aprendiendo de Él nosotros debemos mostrar.

«Jesús le dijo: Levántate, toma tu camilla y anda. Y al instante el hombre quedó sano, y tomó su camilla y echó a andar» (Juan 5.8–9). Ejerciendo su autoridad, dio la instrucción correcta y el milagro sucedió.

«Por eso los judíos decían al que fue sanado: Es día de reposo, y no te es permitido cargar tu camilla. Pero él les respondió: El mismo que me sanó, me dijo: Toma tu camilla y anda» (Juan 5.10–11). Le importó mucho más mostrar misericordia, que satisfacer el juicio de los religiosos de la época.

«Después de esto Jesús lo halló en el templo y le dijo: Mira, has sido sanado; no peques más, para que no te suceda algo peor» (Juan 5.14). Él está interesado en cambiar las cosas, pero más interesado está en cambiar el corazón de todos nosotros.

«A causa de esto los judíos perseguían a Jesús, porque hacía estas cosas en el día de reposo. Pero Él les respondió: Hasta ahora mi Padre trabaja, y yo también trabajo. Entonces, por esta causa, los judíos aún más procuraban matarle, porque no sólo violaba el día de reposo, sino que también llamaba a Dios su propio Padre, haciéndose igual a Dios» (Juan 5.16–18). Sufrió persecuciones debido a que no entendían por qué hacía lo que hacía, pero Él sabía que lo importante era hacer la obra de quien le envió.

«¿Cómo podéis creer, cuando recibís gloria los unos de los otros, y no buscáis la gloria que viene del Dios único?» (Juan 5.44). Lo importante de todo lo que hagamos, nos dice Jesús, es buscar el reconocimiento de Dios y no el de los hombres.

Jesús dijo: Haced que la gente se recueste. Y había mucha hierba en aquel lugar. Así que los hombres se recostaron, en número de unos cinco mil. Entonces Jesús tomó los panes, y habiendo dado gracias, los repartió a los que estaban recostados; y lo mismo hizo con los pescados, dándoles todo lo que querían» (Juan 6.10–11). Dio de comer al que le buscó porque tenía hambre. Y subiendo en una barca, se dirigían al otro lado del mar, hacia Capernaum. Ya había oscurecido, y Jesús todavía no había venido a ellos; y el mar estaba agitado porque soplaba un fuerte viento. Cuando habían remado unos veinticinco o treinta estadios, vieron a Jesús caminando sobre el mar y acercándose a la barca; y se asustaron. Pero Él les dijo: Soy yo; no temáis (Juan 6.17–20).

Les enseñó con grandes milagros impactantes.

«Jesús les respondió y dijo: En verdad, en verdad os digo: me buscáis, no porque hayáis visto señales, sino porque habéis comido de los panes y os habéis saciado» (Juan 6.26). Aunque le buscaban por interés, Él tenía misericordia de todos.

«Entonces Jesús les dijo: En verdad, en verdad os digo: no es Moisés el que os ha dado el pan del cielo, sino que es mi Padre el que os da el verdadero pan del cielo. Porque el pan de Dios es el que baja del cielo, y da vida al mundo» (Juan 6.32–33). Le pido a Dios que nunca olvidemos que las cosas buenas que los cristianos hacemos, las hace Dios y no nosotros.

«Escrito está en los profetas: Y todos serán enseñados por Dios. Todo el que ha oído y aprendido del Padre, viene a mí» (Juan 6.45). Aprendieron y de la misma manera hoy aprendemos todo de Él.

Por eso muchos de sus discípulos, cuando oyeron esto, dijeron: Dura es esta declaración; ¿quién puede escucharla? Pero Jesús, sabiendo en su interior que sus discípulos murmuraban por esto, les dijo: ¿Esto os escandaliza? ¿Pues qué si vierais al Hijo del Hombre ascender adonde antes estaba? El Espíritu es el que da vida; la carne para nada aprovecha; las palabras que yo os he hablado son espíritu y son vida. Pero hay algunos de vosotros que no creéis. Porque Jesús sabía desde el principio quiénes eran los que no creían, y quién era el que le iba a traicionar. Y decía: Por eso os he dicho que nadie puede venir a mí si no se lo ha concedido el Padre. Como resultado de esto muchos de sus discípulos se apartaron y ya no andaban con Él (Juan 6.60–66).

Hoy muchos se siguen escandalizando cuando el Señor pide cosas fuera del protocolo, de la costumbre.

«Y ved, habla en público y no le dicen nada. ¿No será que en verdad los gobernantes reconocen que este es el Cristo?» (Juan 7.26). Les impactó lo que decía y aún pensaban que ejercía influencia sobre el gobierno y yo creo que así era.

«Pero muchos de la multitud creyeron en Él, y decían: Cuando el Cristo venga, ¿acaso hará más señales que las que éste ha hecho?» (Juan 7.31). Hizo tanto por los demás, que mucho creían por el amor que mostraba.

«Así que se suscitó una división entre la multitud por causa de Él. Y algunos de ellos querían prenderle, pero nadie le echó mano» (Juan 7.43–44). Aun lo que hizo y dijo era tan radical y fuera del contexto social y religioso, que causó división. El Señor estaba plenamente convencido de sus principios y de su misión.

Los escribas y los fariseos trajeron a una mujer sorprendida en adulterio, y poniéndola en medio, le dijeron: Maestro, esta mujer ha sido sorprendida en el acto mismo del adulterio. Y en la ley, Moisés nos ordenó apedrear a esta clase de mujeres; ¿tú, pues, qué dices? Decían esto, probándole, para tener de qué acusarle. Pero Jesús se inclinó y con el dedo escribía en la tierra. Pero como insistían en preguntarle, Jesús se enderezó y les dijo: El que de vosotros esté sin pecado, sea el primero en tirarle una piedra. E inclinándose de nuevo, escribía en la tierra. Pero al oír ellos esto, se fueron retirando uno a uno comenzando por los de mayor edad, y dejaron solo a Jesús y a la mujer que estaba en medio. Enderezándose Jesús, le dijo: Mujer, ¿dónde están ellos? ¿Ninguno te ha condenado? Y ella respondió: Ninguno, Señor. Entonces Jesús le dijo: Yo tampoco te condeno. Vete; desde ahora no peques más (Juan 8.3–11).

No juzgó a las personas, ni las condenó, les tuvo misericordia.

Entonces Jesús decía a los judíos que habían creído en Él: Si vosotros permanecéis en mi palabra, verdaderamente sois mis discípulos; y conoceréis la verdad, y la verdad os hará libres. Ellos le contestaron: Somos descendientes de Abraham y nunca hemos sido esclavos de nadie. ¿Cómo dices tú: «Seréis libres»? Jesús les respondió: En verdad, en verdad os digo que todo el que comete pecado es esclavo del pecado; y el esclavo no queda en la casa para siempre; el hijo sí permanece para siempre. Así que, si el Hijo os hace libres, seréis realmente libres. Sé que sois descendientes de Abraham; y sin embargo, procuráis matarme porque mi palabra no tiene cabida en vosotros. Yo hablo lo que he visto con mi Padre; vosotros, entonces, hacéis también lo que oísteis de vuestro padre. Ellos le contestaron, y le dijeron: Abraham es nuestro padre. Jesús les dijo: Si sois hijos de Abraham, haced las obras de Abraham. Pero ahora procuráis matarme, a mí que os he dicho la verdad que oí de Dios. Esto no lo hizo Abraham. Vosotros hacéis las obras de vuestro padre. Ellos le dijeron: Nosotros no nacimos de fornicación; tenemos un Padre, es decir, Dios. Jesús les dijo: Si Dios fuera vuestro Padre, me amaríais, porque yo salí de Dios y vine de Él, pues no he venido por mi propia iniciativa, sino que Él me envió. ¿Por qué no entendéis lo que digo? Porque no podéis oír mi palabra. Sois de vuestro padre el diablo y queréis hacer los deseos de vuestro padre. Él fue un homicida desde el principio, y no se ha mantenido en la verdad porque no hay verdad en él. Cuando habla mentira, habla de su propia naturaleza, porque es mentiroso y el padre de la mentira. Pero porque yo digo la verdad, no me creéis. ¿Quién de vosotros me prueba que tengo pecado? Y si digo verdad, ¿por qué vosotros no me creéis? Él que es de Dios escucha las palabras de Dios; por eso vosotros no escucháis, porque no sois de Dios (Juan 8.31–47).

Confrontó con extrema sabiduría Jesús a aquellos que creían saber la verdad, para muchos de ellos eran más importantes los actos religiosos y las costumbres que el amor de Jesús sanando a los ciegos.

«Si no hago las obras de mi Padre, no me creáis; pero si las hago, aunque a mí no me creáis, creed las obras; para que sepáis y entendáis que el Padre está en mí y yo en el Padre. Por eso procuraban otra vez prenderle, pero se les escapó de entre las manos» (Juan 10.37–39). Demostró quién es, por las grandes cosas que hizo.

Entonces quitaron la piedra. Jesús alzó los ojos a lo alto, y dijo: Padre, te doy gracias porque me has oído. Yo sabía que siempre me oyes; pero lo dije por causa de la multitud que me rodea, para que crean que tú me has enviado. Habiendo dicho esto, gritó con fuerte voz: ¡Lázaro, ven fuera! Y el que había muerto salió, los pies y las manos atadas con vendas, y el rostro envuelto en un sudario. Jesús les dijo: Desatadlo, y dejadlo ir (Juan 11.41–44).

Levantó muertos para que creyeran en Él.

«En verdad, en verdad os digo que si el grano de trigo no cae en tierra y muere, queda él solo; pero si muere, produce mucho fruto. El que ama su vida la pierde; y el que aborrece su vida en este mundo, la conservará para vida eterna. Si alguno me sirve, que me siga; y donde yo estoy, allí también estará mi servidor; si alguno me sirve, el Padre lo honrará» (Juan 12.24–26). Nos da palabras contundentes en cuanto a lo que espera de cada uno de nosotros.

«Jesús, sabiendo que el Padre había puesto todas las cosas en sus manos, y que de Dios había salido y a Dios volvía, se levantó de la cena y se quitó su manto, y tomando una toalla, se la ciñó. Luego echó agua en una vasija, y comenzó a lavar los pies de los discípulos y a secárselos con la toalla que tenía ceñida» (Juan 13.3–5). Nos enseñó a servirnos unos a otros con humildad.

«En verdad, en verdad os digo: el que cree en mí, las obras que yo hago, él las hará también; y aún mayores que éstas hará, porque yo voy al Padre. Y todo lo que pidáis en mi nombre, lo haré, para que el Padre sea glorificado en el Hijo.

Si me pedís algo en mi nombre, yo lo haré» (Juan 14.12–14). Creerle al Señor nos lleva a una dimensión de fe, que desde luego sobrepasa el entendimiento, pero nos lleva a creer que hay propósitos para todos y cada uno, mucho mayores de lo que imaginamos, mayores aun que las obras enormes y maravillosas que Jesucristo hizo en la tierra. Basta con creerlo y pedirlo.

> Vosotros no me escogisteis a mí, sino que yo os escogí a vosotros, y os designé para que vayáis y deis fruto, y que vuestro fruto permanezca; para que todo lo que pidáis al Padre en mi nombre os lo conceda. Esto os mando: que os améis los unos a los otros. Si el mundo os odia, sabéis que me ha odiado a mí antes que a vosotros. Si fuerais del mundo, el mundo amaría lo suyo; pero como no sois del mundo, sino que yo os escogí de entre el mundo, por eso el mundo os odia. Acordaos de la palabra que yo os dije: «Un siervo no es mayor que su señor». Si me persiguieron a mí, también os perseguirán a vosotros; si guardaron mi palabra, también guardarán la vuestra. Pero todo esto os harán por causa de mi nombre, porque no conocen al que me envió (Juan 15.16–21).

Si servimos a Dios y a sus propósitos debemos recordar primeramente que Él nos llamó a tan grande privilegio, que nos ordena amarnos los unos a los otros porque entre otras grandes ventajas que obtenemos en ello, el tema de la unidad y la fortaleza que nos proporciona es trascendental. Y nos anima porque aunque hay consecuencias al hacer su obra, la victoria está garantizada, ¡Dios y tú son mayoría!

Y entre muchas otras cosas, encontramos en el mismo Evangelio de San Juan, palabras de consuelo, pero también de respaldo, de motivación, de ánimo y muy importante, palabras de unidad entre nosotros, para lograr juntos la transformación que México necesita y solo el Señor puede lograr:

> Estas cosas os he hablado para que en mí tengáis paz. En el mundo tenéis tribulación; pero confiad, yo he vencido al mundo (Juan 16.33).

Yo ruego por ellos; no ruego por el mundo, sino por los que me has dado; porque son tuyos; y todo lo mío es tuyo, y lo tuyo, mío; y he sido glorificado en ellos. Ya no estoy en el mundo, pero ellos sí están en el mundo, y yo voy a ti. Padre santo, guárdalos en tu nombre, el nombre que me has dado, para que sean uno, así como nosotros (Juan 17.9–11).

Entonces, cuando habían acabado de desayunar, Jesús dijo a Simón Pedro: Simón, hijo de Juan, ¿me amas más que éstos? Pedro le dijo: Sí, Señor, tú sabes que te quiero. Jesús le dijo: Apacienta mis corderos. Y volvió a decirle por segunda vez: Simón, hijo de Juan, ¿me amas? Pedro le dijo: Sí, Señor, tú sabes que te quiero. Jesús le dijo: Pastorea mis ovejas. Le dijo por tercera vez: Simón, hijo de Juan, ¿me quieres? Pedro se entristeció porque la tercera vez le dijo: ¿Me quieres? Y le respondió: Señor, tú lo sabes todo; tú sabes que te quiero. Jesús le dijo: Apacienta mis ovejas (Juan 21.15–17).

¡Qué lejos estamos de ser como Jesús! Sus enseñanzas son sublimes y maravillosas, no podemos decir que hayamos logrado algo. Pienso que con el Señor siempre estamos empezando. Aprendiendo del apóstol Pablo, debemos mantenernos firmes en cuanto a seguir avanzando a la meta, al supremo llamamiento de Dios en Cristo Jesús; el ejemplo está presente, es indudable, pero la decisión ahora es nuestra, es opción para cada uno de quienes creemos en Dios, pero además le creemos a Él.

Seguir a Cristo es una gran responsabilidad, pero ver su respaldo por hacer lo que Él nos pida que hagamos es la mayor satisfacción y plenitud que el ser humano pueda vivir. Este quehacer es un compromiso por servir a los demás, es pasión y dedicación por dar, ayudar, apoyar, enseñar, cuidar, proteger, tal y como Jesús lo hizo, es el tiempo de un testimonio vivo a aquellos, que quizá hoy no tengan que comer.

Pero respondiendo Él, les dijo: Dadles vosotros de comer (Marcos 6.37).

Darles de comer es un testimonio vivo de su verdad, de la justicia y también del amor. De la fe y también de la paz. De la obediencia y también de su prosperidad. Una de las más prácticas y ágiles formas para cumplir este mandato, de dar de comer a la multitud, que implica satisfacer su necesidad espiritual, social, económica, de salud, de servicios, de educación y de seguridad es **la búsqueda del bien común**. Recordemos que abre puertas, acorta caminos y acelera procesos.

Tendremos que arrepentirnos en esta generación, no tanto de las malas acciones de la gente perversa, sino del pasmoso silencio de la gente buena.

—Martin Luther King

Anexo I

Historias de transformación
con alta influencia de los cristianos

¡Si la fe mueve montañas, la oración transforma naciones!
¡Si buscar al Señor encuentra respuestas, el orar mueve su
corazón!

Es indudable que la participación de más cristianos en el gobierno tendrá que ser uno de los catalizadores que provoque los cambios que México necesita; sin embargo, sin el poder de la oración muchas cosas serán en vano. La oración suplicante, callada y muchas veces solitaria, como también la oración de guerra espiritual, pasando entre una y otra por las declaraciones de fe, de conquista y desde luego el hecho de tomar autoridad en el nombre de Jesús, arrebatar bendiciones con violencia, atar al hombre fuerte, cancelar sus maquinaciones y sus ataques con el poder del Espíritu Santo son acciones efectivas poderosamente.

Tengo que testificar que estas formas o acciones de oración funcionan, insisto, todas funcionan y es así por su gracia y por su misericordia. No es capacidad o creatividad humanas, no es inventiva ni imaginación desbordadas, son ejemplos de personajes bíblicos, son palabras del Señor, son versículos y capítulos que nos enseñan que Dios es tan bueno con nosotros y nos conoce tanto, que por andar en amor, recibe nuestra ofrenda y sacrificio a Dios, en fragante aroma (Efesios 5.2).

He tenido la dicha de orar con los más tradicionales, que usan frases hermosas llenas de reconocimiento y que son una forma de adoración, como: ¡Amantísimo Padre celestial! y son muy serios y formales, con un respeto y devoción impresionantes, por la presencia del Señor.

He tenido ese mismo gozo al estar con el otro extremo, en donde los gritos, llantos y clamores, de esos que te enchinan la piel, son tan comunes y cotidianos que hay veces que los necesito para cargar las pilas de energía; hay otros tiempos en que requiero de la paz y el sosiego, de la dulzura de los más tradicionales, y luego en medio, también he disfrutado y guerreado con los que luchan francamente en oración contra el diablo y sus huestes, que echan fuera demonios tan fácil como cepillarse los dientes.

> Pero tú, cuando ores, entra en tu aposento, y cuando hayas cerrado la puerta, ora a tu Padre que está en secreto, y tu Padre, que ve en lo secreto, te recompensará (Mateo 6.6).

> Cuando llegó el día de Pentecostés, estaban todos juntos en un mismo lugar. De repente vino del cielo un ruido como el de una ráfaga de viento impetuoso que llenó toda la casa donde estaban sentados, y se les aparecieron lenguas como de fuego que, repartiéndose, se posaron sobre cada uno de ellos. Todos fueron llenos del Espíritu Santo y comenzaron a hablar en otras lenguas, según el Espíritu les daba habilidad para expresarse. Y había judíos que moraban en Jerusalén, hombres piadosos, procedentes de todas las naciones bajo el cielo. Y al ocurrir este estruendo, la multitud se juntó; y estaban desconcertados porque cada uno les oía hablar en su propia lengua (Hechos 2.1–6).

Vosotros, pues, orad de esta manera:

Padre nuestro que estás en los cielos, santificado sea tu nombre. Venga tu reino. Hágase tu voluntad, así en la tierra como en el cielo. Danos hoy el pan nuestro de cada día. Y perdónanos nuestras deudas, como también nosotros hemos perdonado a nuestros deudores. Y no nos metas en tentación, mas líbranos del mal. Porque tuyo es el reino y el poder y la gloria para siempre jamás. Amén (Mateo 6.9–13).

¿Cómo escaparemos nosotros si descuidamos una salvación tan grande? La cual, después que fue anunciada primeramente por medio del Señor, nos fue confirmada por los que oyeron, testificando Dios juntamente con ellos, tanto por señales como por prodigios, y por diversos milagros y por dones del Espíritu Santo según su propia voluntad (Hebreos 2.3–4).

Y no se diga de la alabanza. He tenido la preciosa oportunidad de escuchar muchas veces desde la magnificencia y sobriedad de los cantos clásicos o gregorianos de los grupos e iglesias más conservadoras, hasta la vitalidad y emotividad de la música a todo volumen, superalegre y en ambos casos he derramado mi alma en adoración a nuestro Dios. No debo omitir que también he estado alabando con mariachis y hasta con música tipo salsa y casi guapachosa.

Mirad cuán bueno y cuán agradable es que los hermanos habiten juntos en armonía. Es como el óleo precioso sobre la cabeza, el cual desciende sobre la barba, la barba de Aarón, que desciende hasta el borde de sus vestiduras. Es como el rocío de Hermón, que desciende sobre los montes de Sion; porque allí mandó el Señor la bendición, la vida para siempre (Salmo 133.1–3).

Quiero atreverme a decir con todo el respeto que estas diferencias, que en lo personal valoro muchísimo, enriquecen lo que hacemos y da diversidad para que todo tipo de personas encuentren el lugar y las formas en donde se sientan bien y puedan oír su Palabra con anhelo y buscarle en oración en la forma que más les agrade.

Entendiendo que todos somos el cuerpo del Señor, unos pestañas, otros dedos, algunos pies y otros manos; me imagino lo que diría la nariz si pudiera hablar de ciertas partes del cuerpo, o cómo se quejarían los brazos de que las piernas los llevan a donde ellas van y estas mismas preguntándose por qué el cerebro se la pasa dándoles órdenes a todos, el muy presuntuoso.

Os ruego, hermanos, por el nombre de nuestro Señor Jesucristo, que todos os pongáis de acuerdo, y que no haya divisiones entre vosotros, sino que estéis enteramente unidos en un mismo sentir y en un mismo parecer (1 Corintios 1.10).

Me atrevo a preguntar, ¿quiénes tienen la razón? ¿Qué forma de orar escucha más el Señor? O ¿cuál es más efectiva? Y desde luego creo que en el cielo, todos vamos a orar de todas las formas posibles para adorar al Cordero, al Espíritu Santo y al Padre, no sé si ahí se organizan como en algunos lugares en Jerusalén, que le toca un tiempo específico a cada credo, cada día. Así que mi propuesta es que todos tenemos la razón, que Dios se alegra de todo tipo de oración, porque Él ve el corazón y la intención, Él no rechaza ningún tipo de adoración mientras sea genuina, sincera y dedicada.

Comento esto porque veo que esta maravillosa diversidad es una de las principales razones de la falta de unidad entre los grupos, denominaciones e iglesias y a veces creo que eso lastima el corazón de Dios y, peor aun, detiene su bendición y su prosperidad.

Si yo hablara lenguas humanas y angélicas, pero no tengo amor, he llegado a ser como metal que resuena o címbalo que retiñe. Y si tuviera el don de profecía, y entendiera todos los misterios y todo conocimiento, y si tuviera toda la fe como para trasladar montañas, pero no tengo amor, nada soy. Y si diera todos mis bienes para dar de comer a los pobres, y si entregara mi cuerpo para ser quemado, pero no tengo amor, de nada me aprovecha. El amor es paciente, es bondadoso; el amor no tiene envidia; el amor no es jactancioso, no es arrogante; no se porta indecorosamente; no busca lo suyo, no se irrita, no toma en cuenta el mal recibido; no se regocija de la injusticia, sino que se alegra con la verdad; todo lo sufre, todo lo cree, todo lo espera, todo lo soporta. El amor nunca deja de ser; pero si hay dones de profecía, se acabarán; si hay lenguas, cesarán; si hay conocimiento, se acabará. Porque en parte conocemos, y en parte profetizamos. Pero cuando venga lo perfecto, lo incompleto se acabará. Cuando yo era niño, hablaba como niño, pensaba como niño, razonaba como niño; pero cuando llegué a ser hombre, dejé las cosas de niño. Porque ahora vemos por un espejo, veladamente, pero entonces veremos cara a cara; ahora conozco en parte, pero entonces conoceré plenamente, como he sido conocido. Y ahora permanecen la fe, la esperanza y el amor, estos tres; pero el mayor de ellos es el amor (1 Corintios 13).

Me llama poderosamente la atención que la corrupción, la violencia y la idolatría sean el común denominador en los países latinos. **«Pero donde abundó el pecado...»** y que ahora sean evangélicos y cristianos los que alzan la voz para llevar los valores bíblicos al Congreso, a las calles, a toda persona, a las instituciones y a las leyes **«...sobreabundó la gracia»** (Romanos 5.20).

En este tenor de unidad en intercesión y de una creciente participación del pueblo cristiano en el gobierno, queremos compartir un resumen, resultado de una investigación de libros, documentales, noticias y testimonios en algunas naciones y de varios personajes de poderosa influencia por la intercesión en la unidad, en pueblos y ciudades enteras unidos orando a Dios por transformación.

Dando más valor a buscarlo, que las diferencias en las formas y doctrinas. Sumando la participación en el gobierno de personas comprometidas con Dios en sus principios y valores, creyendo que sí es posible salar la tierra y que con la gracia del Señor podemos ser luz en las tinieblas. Creemos que esta declaración nació en el corazón del Padre:

Los cristianos unidos hacemos la diferencia.

COREA DEL SUR:
FINCA ESCUELA CANAÁN[1]

País	Corea del Sur
Porcentaje de cristianos	27% de la población es cristiana
Año	1907– a la fecha
Situación	Uno de los países más pobres del mundo, carece de alimentos para alimentar a su población
Proyecto	Finca Escuela Canaan
Metodología	Cultivo de frutas y verduras. Un grupo de cristianos comenzó a enseñar a cultivar frutas y verduras en las parcelas de tierra alrededor de las casas donde la tierra era árida e infértil.
	Entrenamiento en cuanto a cuidado ecológico, preservación y administración de los recursos.
	Capacitación en liderazgo y valores cristianos. En general se enseñaba un sistema de valores enfocados en una vida saludable. Se fueron sumando nuevos valores como el trabajo, el sacrificio y el fortalecimiento familiar.
Impacto	El movimiento provocó la suma de esfuerzos, el pueblo comienza a recuperar la esperanza.
	El presidente de Corea del Sur, Park Chung Hee, conoció el proyecto y decidió multiplicar el método creando un programa llamado: «Aldea Nueva».
	Fueron capacitadas más de setecientas mil personas, incluyendo agricultores, militares, funcionarios de gobierno, políticos, empresarios, mujeres, estudiantes, entre otros.
	La Finca Escuela Canaán goza de una alianza con Yonsei University en Corea del Sur, donde entrenan líderes en temas de desarrollo económico. Mucho del liderazgo empresarial, educativo y gubernamental de Corea del Sur ha pasado por el programa de la Finca Escuela Agrícola Canaán; así como muchos estudiantes de primaria y secundaria.

Impacto	A principios de los años 50, Corea del Sur era uno de los países más pobres en Asia, con un ingreso nacional bruto (INB) de US$50 por persona al año.
	Actualmente Corea del Sur cuenta con la tercera economía más grande en Asia, siguiéndole solamente Japón y China, y cuenta con la décima economía más grande del mundo.
	Los valores bíblicos llegan al gobierno y han producido un motor que ha empujado el desarrollo y la transformación de Corea.
	Este desarrollo económico y social tan notable puede remontarse directamente a la transformación espiritual y cultural de la nación. A partir del reavivamiento en 1907, el porcentaje de cristianos hoy en el país es el más alto de cualquier otro grupo religioso: 27%.
Pentecostés coreano:	El reavivamiento que vivió Corea del Sur en 1907 se convirtió en un fuerte cimiento de la transformación cultural y social que sucedió en el país en los siguientes cien años.
	El movimiento de estudiantes voluntarios citó seis evidencias del trabajo de hoy en día del Espíritu Santo en Corea del Sur:
	La unidad y cooperación que prevalecen entre los cristianos.
	El notable crecimiento en número de las iglesias.
	El maravilloso despertar religioso de 1907 el cual afectó a cincuenta mil conversos.
	El notable interés en la Palabra de Dios.
	La dedicación de los cristianos nacionales al servicio, incluyendo dádivas generosas.
	La maravillosa vida de oración de la iglesia coreana.

CALI, COLOMBIA:
PACTO DE SOLIDARIDAD DE LAS IGLESIAS[2]

País	Colombia
Proyecto	Pacto de Solidaridad de las Iglesias
Año	1995
Situación	Colombia era el más grande exportador a nivel mundial de cocaína, enviando más de cien mil toneladas de droga a Estados Unidos y Europa. Cali era una ciudad dominada por los capos de la droga, con un promedio de quince asesinatos diarios. La Asociación de Pastores no operaba, no había unión entre las diferentes denominaciones.
Objetivo	Unir a todas las iglesias cristianas en Colombia, independientemente de su denominación para orar por Cali, incluso el alcalde participó en la jornada de oración.
Metodología	Los cristianos examinaron la dinámica espiritual de sus vecindarios, descubriendo las raíces espirituales del problema, incluso los capos de la droga practicaban el ocultismo. La Asociación de Pastores decidió unirse para orar a Dios y organizaron la primera reunión de iglesias y oraron por la unión, contra los poderíos. Incluso el alcalde de la ciudad oró por Cali. Continuaron orando juntas todas las denominaciones, se rentó el estadio de futbol Pascual Guerrero para que más de cincuenta mil personas oraran.
Impacto	A las 48 horas de la primera jornada de oración, se publicó que Cali había pasado un fin de semana sin un solo homicidio. Diez días después cayó el primer varón (capo) de la droga. Posteriormente, se declaró una guerra frontal contra el narcotráfico. Había siete varones de la droga en Cali, seis de ellos cayeron durante los nueve meses en que los cristianos se unieron para orar.

UGANDA³

País	Uganda
Porcentaje de cristianos	35.9% de la población es cristiana
Proyecto	Campañas de oración y valores bíblicos para el control del VIH – SIDA
Situación	En 1982 se descubre el VIH-SIDA en este país y diez años más tarde casi la cuarta parte de la población se había contagiado, esto en un marco de pobreza y conflictos sociales.
Metodología	Los cristianos se dedicaron a orar por la transformación de la nación. Las escuelas públicas comenzaron a enseñar con base en una cosmovisión bíblica, influyendo positivamente en el comportamiento de la juventud. Las iglesias se convirtieron en agentes de transformación en sus localidades. El ministro de educación introdujo el programa cristiano de abstinencia sexual antes del matrimonio llamado *True Love Waits* [El verdadero amor espera].
Impacto	En los últimos quince años se ha reducido el VIH-SIDA en la población de un 13 a 4%. Entre 1989 y 1995, la proporción de mujeres de quince a diecinueve años de edad que declararon que no habían tenido nunca relaciones sexuales aumentó de 26% a 46%. Para los varones del mismo grupo de edad, esa proporción pasó del 31% al 56%.

Muestras maravillosas de un evangelio en el campo de batalla, no limitado a los auditorios y templos, es un liderazgo que da ejemplo, que nos reta a creer que sí hay un mover del Espíritu Santo para discipular a las naciones bajo los principios de Dios, pero en los terrenos en donde nunca antes se hablaba de Dios, ni de los creyentes, tal y como lo hacía el Señor Jesucristo, en las calles, en las sinagogas, en los mercados, en el templo sí, pero por los caminos también, a los pobres y a los ricos, a los religiosos y a los paganos, a los buenos y a los malos, nunca limitado ni por la geografía, ni por las tradiciones, predicaba el evangelio a los pecadores, sanaba a los enfermos, suplía las necesidades de los necesitados.

Es un liderazgo capaz de creer que Dios ha decidido transformar naciones enteras. El liderazgo que requiere ser atrevido pero incluyente, respetuoso pero transformador, moderno pero guiado por principios y valores.

Es tiempo de la participación conjunta de toda la sociedad y de forma especial y particular, de los que valoramos las enseñanzas bíblicas y hemos comprobado que funcionan, que son reales, que son Palabra de Dios y por lo mismo, cambian vidas, y con ello veremos que las instituciones de gobierno, las empresas privadas, las asociaciones civiles y las iglesias, serán partícipes del gran cambio que nuestra nación necesita. Y esto, no como una vitrina o tribuna para imponer la fe, sino para testificar que se puede vivir y ser portadores del evangelio en nuestras acciones en todo lugar, oportunidad o posibilidad y no únicamente en la predicación en nuestros templos o auditorios.

Esto nos lleva a buscar con intensidad la unidad y a juntos lograr un cambio cultural y de comportamiento con base en los principios de Dios. Una unidad que:

• Demande integridad y congruencia en todos nuestros gobernantes, servidores públicos y empresarios.
• Exija rendición de cuentas de cualquier persona en autoridad, que sea un obstáculo contra la corrupción.
• Genere consensos y alianzas por el bien común.

Las acciones entre muchas otras, deben ser:

• Programas de capacitación en cuanto a principios y valores.
• Construcción de redes de apoyo en las distintas áreas que requieren una solución, tales como la lucha contra la trata de personas, la lucha contra la delincuencia, la aplicación cotidiana de los derechos humanos, el combate a la pobreza, etcétera.

- Implementación de estrategias de participación ciudadana, no política, en la aplicación de la justicia y el establecimiento del reino de Dios.

Promover la importancia de la participación de las organizaciones de la sociedad civil y empresarial con responsabilidad social, dirigidas por personas con principios y valores, y que nos permita recuperar la confianza.

Anexo II

Testimonios de cristianos participando activamente en servir a sus naciones

COLOMBIA[1]

Por primera vez en Colombia hombres de Dios en el gobierno

Por primera vez en Colombia dos hombres que enarbolaron la Palabra de Dios y los principios cristianos llegan al Ayuntamiento de Bogotá en 1992. El pastor evangélico Colin Crawford Christie de ascendencia británica, residente en Colombia desde sus veinticinco años, y el líder Oscar Gutiérrez Rubio del movimiento ecuménico cristiano Cruzada Estudiantil y Profesional de Colombia (CEPC), decidieron que a la par de su labor evangelizadora debían aportar sus propuestas para solucionar, desde otra perspectiva, los problemas de Bogotá.

El pastor Crawford buscó la candidatura a través del Partido Nacional Cristiano, su decisión giró en torno a la declaración de que los cristianos pueden aportar un grano de arena para cambiar la realidad social de la nación.

A raíz de la participación activa del pastor Crawford, muchos hombres siguieron su camino para demostrar que los cristianos pueden ofrecer honestidad, integridad y justicia en un gobierno caracterizado por la corrupción administrativa a todos los niveles. Los cristianos comenzaron a ganar espacios en la Asamblea Nacional Constituyente, en el Senado, en la Cámara y en varios ayuntamientos municipales de Colombia.

Los hombres de Dios en el gobierno han planteado obras sociales para la reducción significativa de la pobreza, para mejorar el sistema educativo así como varios proyectos de bienestar social.

Pero esto no siempre fue así, durante los años de violencia en Colombia, los protestantes eran un grupo excluido por la sociedad, se les mantenía fuera del comercio, sus templos y congregaciones eran quemados, sus hijos no eran recibidos en los colegios, y sus pastores eran asesinados.

Dios ha hecho una maravillosa obra en Colombia, hoy existen más de cuarenta colegios cristianos de bachillerato, durante la semana se realizan encuentros evangélicos en centros de estudios bíblicos y en lugares públicos que incluyen el Senado de la República, en la Registraduría, el Ministerio de Defensa, la Contraloría, Colpuertos, Bienestar Familiar y la Empresa de Energía Eléctrica de Bogotá.

Sus acciones en materia electoral tienen un precedente interesante, que fue la candidatura a la alcaldía de Bogotá de Claudia Rodríguez de Castellanos así como los movimientos sociales que se han levantado son un fenómeno político sin precedentes en América Latina.

Prueba de ello, es el Movimiento Compromiso Cívico Cristiano con la Comunidad (C4), de la Cruzada Estudiantil y Profesional de Colombia (CEPC). La CEPC nació en Cali hace veintiocho años como movimiento ecuménico cristiano dedicado al trabajo con la familia en los campos espiritual y mental. Hoy tiene presencia en la mayoría de ciudades de Colombia y en treinta y dos países y, desde 1992, sus líderes han participado en el servicio público, su programa de gobierno está basado en la labor fiscalizadora y en dar una respuesta integral a la familia, en lo espiritual, emocional, físico y material.

BRASIL

Marina da Silva, candidata a la presidencia de Brasil[2]

En 2010, Marina Da Silva fue candidata a la presidencia de Brasil, reconocida por su amplia experiencia, con una vida excepcional, ideología ecologista y fe cristiana evangélica. Da Silva lanzó su candidatura con un programa apoyado en la defensa del desarrollo sostenible y la educación con valores.

Si algo caracteriza a esta mujer cristiana es su espíritu luchador y capacidad de trabajo y superación. De joven fue recolectora de caucho en su estado natal de Acre, en la amazonia brasileña, después trabajó como empleada doméstica, y fue en este periodo de su vida cuando aprendió a leer en una escuela cristiana evangélica.

No desaprovechó el tiempo ni las oportunidades y así, pocos años después, ingresó a la universidad y egresó como profesora. En 1994, con tan sólo treinta y seis años, se convirtió en senadora, la más joven de la historia de Brasil.

«Quien vino de un origen humilde como yo, que se alfabetizó a los dieciséis años, que pasó por las peores situaciones de salud, siendo atendida de las peores formas en filas de hospitales, sabe con seguridad lo que significa una elección para presidente de Brasil», señaló Marina Da Silva.

Durante el tiempo en que ha participado activamente en el gobierno, Marina ha sabido apuntar a la médula de la corrupción, ha llevado los valores cristianos a los rincones de la democracia y, sin hacer de la fe un arma electoral, ha sabido ganarse a los electores de todas las clases.

Rosinha Garotinho la primera mujer gobernadora de Río de Janeiro

El 6 de octubre de 2002 aparece en los periódicos más importantes de Brasil la noticia de que más de cuatro millones de personas votaron por la evangélica Rosinha Garotinho como gobernadora del estado de Río de Janeiro.

Rosinha Garotinho es la primera mujer elegida como gobernadora de Río de Janeiro, es una mujer cristiana que ha procurado participar activamente en la comunidad de una manera sorprendente. Muchas de las medidas que explican este respaldo electoral son los proyectos sociales que llevó a cabo cuando ocupó cargos en el congreso. Ella impulsó el cheque ciudadano para apoyar económicamente a familias necesitadas, así como los restaurantes populares, donde se venden comidas a un precio más que accesible. Llevó a cabo el proyecto Farmacia Popular que ofrece medicinas a un costo bajo para la población de personas adultas mayores.

ARGENTINA

Cynthia Hotton lleva los valores cristianos al Congreso[3]

Cynthia Hotton, hija de pastores cristianos, a la edad de treinta y cuatro años decidió formar parte de uno de los sitios estratégicos: la Cámara de Diputados de Argentina. Su principal objetivo era incidir en la sociedad a través de la transmisión de valores.

Durante su primer año de gestión como diputada nacional comenzó una agrupación llamada *Valores para mi país* que consiste en un espacio político de influencia en el cual se trabaja para defender la vida, la familia, la integridad y el amor al prójimo. En una conferencia de prensa, la diputada Hotton señaló que «Los verdaderos cristianos debemos ser sal y luz, somos muchos los argentinos que vivimos de acuerdo a valores y no somos escuchados por la política, por eso hay que trabajar para que los valores vuelvan a ser relevantes en la política argentina».

Los hombres y mujeres cristianos que han ocupado escaños en el Congreso de Argentina han permitido instalar en el gobierno el concepto de valores, han fomentado los espacios participativos para formar ciudadanos responsables con vocación política, han logrado posicionar ciudadanos con dedicación y responsabilidad en funciones estratégicas del gobierno, y han demostrado una nueva forma de hacer política y campaña electoral basada en valores cristianos.

PERÚ

Congresistas evangélicos que transforman: Aida Lazo y Humberto Lay[4]

Los congresistas cristianos en Perú están transformando la realidad de la nación. Muestra de ello son los evangélicos Aida Lazo y Humberto Lay que desde la curul del Congreso han propuesto proyectos de ley que se han traducido en una mejora social fundada en valores cristianos y una lucha contra la corrupción.

La congresista Aida Lazo propuso ante el Congreso la iniciativa de ley con la cual el Estado reconoce a todas las confesiones religiosas en igualdad de condiciones, con los mismos derechos, obligaciones y beneficios. De la misma manera, la ley asegura el respeto a las manifestaciones religiosas de los pueblos andinos, amazónicos y afroperuanos. La norma fue finalmente aprobada el 3 de diciembre de 2010, y con ella, las instituciones educativas deberán respetar el derecho de los estudiantes de exonerarse de los cursos de religión.

Humberto Lay en el año 2005, junto con un grupo de líderes evangélicos fundó el partido político Restauración Nacional. Desde su entrada al servicio público, Lay centró su discurso en una cruzada de valores y lucha contra la corrupción. Hasta el día de hoy es considerado un personaje de gran influencia en las decisiones importantes de Perú, dentro de la comunidad cristiana cuenta tanto con el reconocimiento, como el respeto de los líderes y creyentes en general.

SUDÁFRICA

Líderes religiosos construyen las bases de la democracia en Sudáfrica[5]

En 1990, la iglesia en Sudáfrica realizó una convención en la que participaron 230 representantes de 97 denominaciones y 40 asociaciones religiosas, con el objetivo de superar las divisiones y encontrar nuevas formas de cooperación para promover la reconciliación nacional; a raíz de esta convención, se establecieron los cimientos de una Sudáfrica democrática.

La iglesia desempeñó un papel importante en las elecciones de 1994, miles de clérigos y líderes cristianos fueron entrenados para trabajar como funcionarios electorales y monitores, así fue como el presidente electo Nelson Mandela llegó al poder.

Doce años después de que Sudáfrica se había convertido en un país democrático, algunos líderes religiosos se retiraron a sus cónclaves confesionales y algunos se han trasladado a cargos en el gobierno como funcionarios y han participado activamente en el Partido Demócrata Cristiano Africano.

Durante estos años, Sudáfrica ha sido testigo de la consolidación de la democracia, lo cual ha traído una serie de beneficios a la mayoría del pueblo sudafricano por revertir el legado del Apartheid. La participación activa de la iglesia permitió que se consolidara el derecho al voto, la justicia, la igualdad de derechos, el empoderamiento económico, la vivienda, el agua y la electricidad para los ciudadanos y en última instancia, una democracia constitucional y la protección de los derechos humanos.

Sin embargo, la nueva democracia se enfrenta a problemas sociales y de desarrollo como el aumento de los niveles de pobreza, una brecha creciente entre ricos y pobres, y el flagelo de la pandemia del VIH-SIDA.

La pobreza y la falta de oportunidades de empleo son una realidad para la mayoría de las personas en el país, en medio de estas contradicciones, la gente se ha cuestionado dónde ha quedado el papel activo de la iglesia en el actuar político.

En respuesta a ello, el Consejo Sudafricano de Iglesias ha tratado de superar esta brecha a través del fortalecimiento de los consejos regionales para impulsar a los cristianos a participar activamente en el gobierno desde el nivel local y regional. Este proceso condujo a la formación del Programa Religión y Gobierno en KwaZulu-Natal, el cual consiste en ayudar y capacitar a los líderes cristianos en asuntos políticos y con ello hacer frente a los desafíos sociales de la nación.

Es importante mencionar que la sociedad sudafricana reconoce la contribución positiva de la iglesia en el quehacer político y por ello exige su participación constante en los retos actuales de la nación. En una reciente encuesta social se descubrió que 81% del total de la población, considera a la iglesia como la institución más confiable en el sur de África.

AUSTRALIA

Me llama la atención cómo los cristianos que se han atrevido a participar en el servicio público en México han sido criticados en numerosas ocasiones, pero también han sido respetados y reconocidos por sus acciones con valores muchas veces. Sin embargo, cuando veo el movimiento de los cristianos en Australia, me doy cuenta de que aún tenemos mucho camino por recorrer y que como creyentes tenemos que unirnos en intercesión para que algún día tengamos en México un desayuno público de oración con legisladores y funcionarios o una organización formal que difunda con libertad los valores cristianos en el quehacer político del país como sucede en el otro lado del mundo. Estos son dos ejemplos:

Desayuno de oración del gobernador (The Governor's Prayer Breakfast)[6]

El desayuno de oración es un evento muy conocido que se realiza anualmente en Australia Occidental, al igual que en varios estados de Estados Unidos de América, en el cual el gobernador, congresistas de Australia y líderes comunitarios se reúnen para dar gracias a Dios y unirse en intercesión por el estado y la nación, reconociendo que los preceptos enseñados por Jesucristo son necesarios para apoyar y levantar a nuestra sociedad hoy.

Australian Christian Lobby (ACL)[7]

Es una organización que difunde los valores cristianos en el quehacer político de Australia.

En 1995 se crea una organización de cabildeo político que opera acti-vamente en el Parlamento Federal y en todos los parlamentos estatales de Australia, la cual tiene como objetivo procurar que los principios cristianos influ-yan de manera importante en la política, en los negocios y en la comunidad.

La mayoría de los australianos, y desde luego todos los cristianos, estamos cansados de que nuestros valores éticos y familiares... están siendo erosionados por grupos con intereses egoístas que han logra-do mantener una influencia política corrupta, en gran parte causado por el silencio de quienes pudiendo hacer el bien no lo hacen. Esta organización pretende romper ese silencio. Después de todo, Cristo nos llama a ser sal y luz.[8]

La importancia de constituir una organización formal que difunda los valores cristianos en el quehacer político radica en que desempeña un papel protagónico en la toma de decisiones a favor de valores éticos y familiares. Muestra de ello es que gracias a este cabildeo se ha logrado asegurar la libertad religiosa en Australia y filtrar la pornografía de la Internet, así como confirmar la dignidad de la vida humana a través de campañas contra el aborto y la eutanasia.

Si se humillare mi pueblo, sobre el cual mi nombre es invocado, y oraren, y buscaren mi rostro, y se convirtieren de sus malos caminos; entonces yo oiré desde los cielos y perdonaré sus pecados, y sanaré su tierra (2 Crónicas 7.14, RVR60).

Notas

Capítulo 1

1. El bien común es aquello de lo que se benefician todos los ciudadanos, como por ejemplo: los sistemas sociales, instituciones y medios socioeconómicos de los cuales todos dependemos y, a la vez, hacemos que funcionen de manera que beneficien a toda la gente.

2. México perdió en los últimos cincuenta años más de treinta porciento de productividad frente a Estados Unidos, lo que le impidió al país generar casi quince millones de empleos adicionales, con lo que prácticamente todos los emigrantes mexicanos hubieran tenido oportunidades de trabajo en territorio mexicano. Ver http://www.cnnexpansion.com/economia/2010/08/17/mexico-rezagado-en-productividad.

3. La productividad de los obreros o empleados en México es de cincuenta a sesenta porciento en promedio. Incluso se han encontrado grupos con una productividad que no rebasa el cincuenta porciento. Ver http://blindajeempresarial.com.mx/general/estad-sticas-del-nivel-de-productividad-en-m-xico.html.

4. En 2010, las tiendas departamentales y de autoservicio reportaron pérdidas por quince mil cien millones de pesos, de los cuales siete mil ochocientos millones de pesos eran derivados del «robo hormiga». Ver http://www.unonoticias.com/insides/DetailSingle.aspx?PID=187681.

5. La solidaridad es un esfuerzo compartido que es contrario al individualismo y al egoísmo, se manifiesta a través del servicio para obtener el bien común. La solidaridad surge para ayudar al otro a que obtenga lo que es justo, cuando se encuentra en emergencias o en situaciones de desigualdad, así como para promover su desarrollo y una vida digna.

6. Encuesta Nacional de Familia y Vulnerabilidad (México: Universidad Nacional Autónoma de México, 2007).

Capítulo 2

1. José Patiño, *Nuevo modelo de administración penitenciaria: fundamentos históricos, situación actual y bases* (México: Porrúa 2010).

2. Instituto Nacional de Estadística y Geografía, *Encuesta Nacional sobre la Dinámica de las Relaciones en los Hogares,* 2006.

3. Banco Interamericano de Desarrollo, *El costo de la violencia doméstica. Una sangría para la economía de la región* (1997).

4. Instituto Nacional de Estadística y Geografía, 2006.

5. DIF, UNICEF, «Segundo estudio en cien ciudades de niñas, niños y adolescentes trabajadores. México, 2002–2003».

6. Instituto de Investigaciones Sociales de la Universidad Nacional Autónoma de México, Sistema Nacional para el Desarrollo Integral de la Familia, *Encuesta Nacional de Dinámica Familiar, Diagnóstico de la Familia Mexicana,* 2005.

7. Ibid.

8. Arturo Del Castillo y Eduardo Ampudia, *Diagnóstico del impacto sobre el fraude y la corrupción en las PyMES* (CEI Consulting & Research: México, 2005).

9. Ibid.

10. Ibid.

11. Alejandro Orozco Rubio, *Bartimeo* (Nashville: Grupo Nelson, 2008).

12. La población total entonces era de trescientos millones y hoy la población mundial asciende ya a más de siete mil millones.

Capítulo 3

1. Government of India, Second Administrative Reforms Commission, Ninth Report, "Social capital: A Shared Destiny", http://arc.gov.in/9threport/ARC_9th_report.htm, capítulo 2, p. 13.

2. The Center on Philanthropy at Indiana University., "Giving USA 2011: The Annual Report on Philanthropy for the Year 2010", http://www.givingusareports.org/free.php.

3. Dirección General de Asociaciones Religiosas, "Principales Preguntas de las Asociaciones Religiosas", p. 7, http://www.asociacionesreligiosas.gob.mx/work/models/AsociacionesReligiosas/pdf/Varios/PrincipalesPreguntas.pdf.

4. Ley de Asociaciones Religiosas y Culto Público, Artículo 6, p. 2, http://www.diputados.gob.mx/LeyesBiblio/pdf/24.pdf.

5. Constitución política de los Estados Unidos Mexicanos, Artículo 24, p. 17, http://www.diputados.gob.mx/LeyesBiblio/pdf/1.pdf.

6. Ibid., pp. 101–102.

7. Ley de Asociaciones Religiosas y Culto Público, Artículo 14, pp. 4–5.

8. Constitución política de los Estados Unidos Mexicanos, Artículo 24, p. 17.

9. Universidad Nacional Autónoma de México, Instituto de Investigaciones Jurídicas, *Enciclopedia Jurídica Mexicana* (México: Porrúa, 2002), 1:pp. 413-14.

Capítulo 4

1. *Diccionario de la Lengua Española*, «Política», http://buscon.rae.es/drael/SrvltConsulta?TIPO_BUS=3&LEMA=pol%EDtica.

Anexo I

1. Luis Bush, *Corea del Sur como un modelo de transformación espiritual-social para el siglo veintiuno* (Alberto Motessi Evangelistic Association, 2006), www.transformalatinoamerica.com/corea.pdf.

2. Ver Amistad Comunicaciones, *Transformaciones, un documentario*, Prod. The Sentinal Group, DVD, 1999; Martin Rosas, «Hombres de Dios al Concejo», *El Tiempo* digital, 10 marzo 1992, sección Bogotá, www.eltiempo.com/archivo/documento/MAM-60042.

3. Referencias ONU, «Un indicador de éxito en Uganda. La importancia de vigilar la prevalencia del VIH y el comportamiento sexual. Estudios de Caso. Mayo 1998», http://data.unaids.org/Publications/IRC-pub04/value_monitoring_uganda_es.pdf. También ver http://noticiasdecristianos.blogspot.com/2011/05/iglesia-cristiana-de-uganda-lucha.html

Anexo II

1. Martin Rosas, «Hombres de Dios al Concejo».

2. Soledad Gallego-Díaz y Juan Arias, «Marina Silva, clave para el futuro de Brasil», *El País* digital, 4 octubre 2010, sección Internacional, http://www.elpais.com/articulo/internacional/Marina/Silva/clave/futuro/Brasil/elpepuint/20101004elpepuint_5/Tes.

3. Cynthia Hotton, www.valoresparamipais.com.ar.

4. Gian Carlo Salas Orbezo, «Evangelio con poder político», *La República* digital, 8 julio 2010, http://www.perupolitico.com/?p=1770. Ver también Humberto Lay, Partido Restauración Nacional, http://www.restauracionnacional.org.

5. Simanga Kumalo R, "The people shall govern: Now they have only the possibility to vote UJAMAA Academic resources" (South Africa: University of Kwazulu-Natal, 2009), http://www.google.com/url?sa=t&rct=j&q=&esrc=s&source=web&cd=1&ved=0CBsQFjAA&url=http%3A%2F%2Fujamaa.ukzn.ac.za%2FFiles%2FThe%2520palace.doc&ei=Cze8TvKTN8a2tgeynfzWBw&usg=AFQjCNEC_5F5KAvk94WT6KsXSPstQCahsw&sig2=mO4otjK_gX2Aj7lTr3_YFg.

6. Ver www.gpbwa.org (Pert, Western Australia); www.alaskagpb.org (Alaska, EUA); www.lagpb.org (Louisiana, EUA); http://governor.ky.gov/gpbregistration.htm (Kentucky, EUA); http://www.mo.gov/media-archive/youtube/2011-governors-prayer-breakfast/#.Trw4xfSa9GU (Missouri, EUA).

7. Australian Christian Lobby, http://australianchristianlobby.org.au.

8. "Why a Christian Lobby Group", http://www.acl.org.au/about.

Acerca de los autores

A lejandro Orozco Rubio tiene treinticinco años de experiencia profesional en apoyo familiar y en combatir la pobreza. Actualmente es socio director de la firma Interesse Consejeros, una de las diez primeras a nivel nacional en México en el área de seguros, beneficios para empleados, consultoría y asesoría actuarial y asesoría en inversiones. Está casado con la coautora de esta obra, Rosa María, y es padre de tres jóvenes emprendedores: Emilio, Pablo y Alejandra.

R osi Orozco es diputada por el Distrito 2 en la Delegación Gustavo A. Madero y presidenta de la Comisión Especial de Lucha contra la Trata de Personas. La organización civil Hagamos Quórum la calificó con calificación de 10, mientras el promedio es de 5.1%. En 1983 su vida fue transformada en el Monte Carmelo en Jerusalén después de tener un encuentro personal con Jesucristo. Al lado de su esposo, Alejandro Orozco, fundan en 1995 en la ciudad de México, Casa Sobre la Roca, A.C., congregación que actualmente cuenta con sedes en Cancún, Playa del Carmen, Oaxaca, Querétaro, Cocoyoc, Cuernavaca y Los Ángeles, California. Se ha destacado por luchar en contra de la peor esclavitud de la historia, la trata de personas, y ha decidido vivir sus valores con arrojo, denunciando en cada estado de la república mexicana los lugares de explotación sexual de niño(as) y jóvenes. Rosi Orozco inicia el primer modelo de atención a víctimas de trata en México basado en el amor incondicional, y hasta hoy ha rescatado y reinsertado a la sociedad a más de cien niñas y jóvenes. Junto a otros escritores, ha publicado el libro *Del cielo al Infierno en un día* y coordinó el libro *Trata de Personas*, editado por INACIPE. Recientemente nombrada por la revista *Quién* entre los cincuenta líderes que mueven a México, su lema es: «¡Unidos hacemos la diferencia!»